差がつく練習法

バレーボール 基本を極めるドリル

著 松井泰二 早稲田大学男子バレーボール部監督

INTRODUCTION
はじめに

　バレーボールをはじめスポーツにおける技術の基礎・基本をあなたが身につけるならば、いつでも安定したプレイが生み出され、あなたは良い結果を得るでしょう。

　技術における基礎・基本は、木に例えるならば幹と考えられ、この幹をどのくらい太くできるのか、さらには地面の下に生えている根をどれだけ張り巡らせることができるかによってその安定感が異なるでしょう。幹が太ければ太いほど、根が張り巡らせれば巡らせるほど基礎・基本は揺るぎないものとなります。つまり、基礎・基本を徹底的に身につけることは、試合で変化の激しい状況や困難になった状況で、安定したプレイをおこなうことができ、

プレイヤーの良さが十分に発揮できるということです。それは、プレイヤーにとって最も頼りになるものであり、継続して何度も出現されるものでもあります。技術を発揮したときの良い結果は、その過程が基礎・基本に沿っておこなわれたときにしか得ることはできません。

　ですから――

　もし、あなたがプレイで伸び悩んでいるならば、基礎・基本に立ち戻ってください。

　もし、あなたが良い結果を求めるならば、難しい応用技術を求めるのではなく、基礎・基本を徹底的に鍛えてください。

　もし、あなたが一流のプレイヤーに

なりたいのならば、すべての技術において基礎・基本が定着する段階まで基礎・基本練習を反復してください。
——ということです。

　私のコーチングフィロソフィーは、「基礎・基本は応用を凌駕する」、「基礎・基本は1つである」ということです。つまり、バレーボールをはじめスポーツは人間がおこなうので、その基礎・基本とは「身体の正しい使い方」を身につけることが最も重要です。それは、本書に出てくる「身体を起こす」、「床から力をもらう」、「きちんと入ればきちんと出る」というショートフレーズに表されています。これは常に意識して欲しいという私の強い思いから本章で何回も出しています。この基礎・基本があらゆる技術の上達へ結びついています。

　私は、ビギナーからトップレベルプレイヤーまで幅広い範囲でコーチングをしてきましたが、どのカテゴリでもプレイヤーを上達させることができたことは、本書で紹介する基礎・基本のドリルを徹底しておこなってきたことに他なりません。基礎・基本の徹底こそがあなたを勝利へと導くでしょう。「ビギナーもトッププレイヤーも基礎・基本は1つ」です！

　ぜひとも、いますぐにおこなってみてください。

早稲田大学男子バレーボール部監督

松井泰二

CONTENTS
目次

2 ── はじめに

第1章 身体の使い方

11	Menu 001	ツーハンズ・スローイング
12	Menu 002	ワンハンド・スローイング
13	Menu 003	ワンハンド・スパイク
15	Menu 004	3つの軸を使ったスローイング
16	Menu 005	壁向き正面スロー
19	Menu 006	かかと歩き　Menu 007　3mダッシュ＆ストップ
20	Menu 008	ストップ＆オーバー／アンダーキャッチ
23	Menu 009	もも上げステップ
	Menu 010	アタックライン踏み込みステップ
24	Menu 011	9mランニングステップ
25	Menu 012	ぶつかりブロック

第2章 オーバーハンドパス

29	Menu 013	ソフトキャッチ
30	Menu 014	クッションパス
31	Menu 015	足踏みパス
32	Menu 016	ケンケンパス
33	Menu 017	ケンケンバックパス
34	Menu 018	全屈伸ヘディング
36	Menu 019	全屈伸オーバーハンドパス　Menu 020　ボールトラップ
37	Menu 021	指パス　Menu 022　脳天パス
39	Menu 023	5段階オーバーハンドパス①

40	Menu 024	5段階オーバーハンドパス②
41	Menu 025	動きながらのパス

第3章 アンダーハンドパス

45	Menu 026	ボール乗せ
46	Menu 027	プラットフォーム直上
47	Menu 028	プラットフォーム直上 4.5m
48	Menu 029	全屈伸アンダーキャッチ
	Menu 030	全屈伸アンダーハンドパス
49	Menu 031	直上アンダーハンド&オーバーハンドパス

第4章 レセプション

53	Menu 032	太ももキャッチ		
54	Menu 033	ソフトレシーブ		
55	Menu 034	レシーブ面作り		
56	Menu 035	体重乗せレシーブ		
57	Menu 036	プラットフォーム正面 4.5m		
58	Menu 037	サイド 3m		
60	Menu 038	3m×3m	Menu 039	5人 4.5m
61	Menu 040	重なる練習		

第5章 ディグ

66	Menu 041	ワンハンド・コーナーレシーブ
67	Menu 042	ワンハンド・コーナーレシーブ・2ステップ
68	Menu 043	ツーハンズ・コーナーレシーブ
69	Menu 044	ステージレシーブ・アンダーハンド
70	Menu 045	壁つきステップ
71	Menu 046	2ステップ+クロスオーバー
72	Menu 047	体重支え
73	Menu 048	肩滑り(ボールなし)
74	Menu 049	片手肩滑り(ボールあり)
75	Menu 050	両手フライング(ボールなし)
76	Menu 051	2ステップフライング
78	Menu 052	足の甲からスライディング
79	Menu 053	スライディング起き上がり

第6章 サーブ

頁		
84	Menu 054	かかと上げスロー
	Menu 055	腰バット
85	Menu 056	一本足スロー
	Menu 057	ギャラリースロー
86	Menu 058	トスアップ
	Menu 059	掌底インパクト
87	Menu 060	片ひざサーブ
88	Menu 061	体幹サーブ
89	Menu 062	ギャラリーサーブ
90	Menu 063	トラップ身体起こし
91	Menu 064	ゴムマーカーサーブ
92	Menu 065	連続無意識サーブ
93	Menu 066	連続ストレスサーブ

第7章 アタック

頁		
99	Menu 067	かかと歩き&かかとステップ
100	Menu 068	ボールなし2ステップ
101	Menu 069	スロー踏み込み跳び箱2ステップ
102	Menu 070	スロー踏み込み2ステップスパイク
103	Menu 071	3ステップジャンプ
104	Menu 072	足つきネット前スパイク
105	Menu 073	その場2ステップスパイク
106	Menu 074	その場ノーステップスパイク
107	Menu 075	4.5m アプローチスパイク
108	Menu 076	4.5m セルフスパイク
110	Menu 077	肩まわしスロー
	Menu 078	叩きつけ
111	Menu 079	足つきボールコントロール
112	Menu 080	エアマット狙い打ち
116	Menu 081	ワンハンドパス
117	Menu 082	フェイントミニゲーム
118	Menu 083	リバウンド&タッチアウト
119	Menu 084	1対1のミニゲーム

第8章 ブロック

頁		
124	Menu 085	その場ブロックジャンプ
125	Menu 086	サイドステップブロックジャンプ
126	Menu 087	クロスステップブロックジャンプ
127	Menu 088	前後移動ジャンプ
128	Menu 089	肩甲骨ブロック

129	Menu 090	アンブレラ		
130	Menu 091	真後ろワンタッチ	Menu 092	ネット越しキャッチ
131	Menu 093	落ち際ブロック		

第9章 セッティング

136	Menu 094	右目セッティング
137	Menu 095	どこでもジャンプセッティング
138	Menu 096	バウンディングセッティング
139	Menu 097	身体追い越しバックセッティング
142	Menu 098	ハイボール2人
143	Menu 099	ディグ＆ハイボール

第10章 フットワーク

148	Menu 100	ジャブステップ	Menu 101	シャッフルステップ
149	Menu 102	フロント2ステップ		
150	Menu 103	3ステップクロスオーバー		
	Menu 104	2ステップシャッフル＋ランニング		
152	Menu 105	バレーボールステップ（反復横跳び）		
153	Menu 106	ポンポン		
154	Menu 107	ストレート	Menu 108	アングル
155	Menu 109	ループ		
156	Menu 110	スライド		
157	Menu 111	フェイク		
158	Menu 112	斜めバックランニングステップ	Menu 113	斜めシャッフル2ステップ
160	Menu 114	斜めバックランニングステップ＋ループステップ		
	Menu 115	斜めバックランニングステップ＋サイド2ステップ		
162	Menu 116	シャッフルステップ（セッター）	Menu 117	ジャブ＆クロスステップ
164	Menu 118	シャッフル2ステップ＋クロス	Menu 119	かかとクロスターン

第11章 指導者＆選手に向けて

168	コラム「課題をどう解決するかを考える」
169	コラム「分習法と全習法のスパイラル」
170	フットワーク＆トレーニングの組み合わせ方
172	パスドリルの組み合わせ方
173	自分たちの練習メニューカードを作ろう！

174	おわりに

本書の使い方

本書では、写真や図、アイコンなどを用いて、一つひとつのメニューを具体的に、よりわかりやすく説明しています。写真や"やり方"を見るだけでもすぐに練習を始められますが、この練習はなぜ必要なのか？　どこに注意すればいいのかを理解して取り組むことで、より効果的なトレーニングにすることができます。普段の練習に取り入れて、上達に役立ててみてください。

▶ **身につく技能が一目瞭然**

練習の難易度やおこなう時間、あるいはそこから得られる能力が一目でわかります。自分に適したメニューを見つけて練習に取り組んでみましょう。

▶ **なぜこの練習が必要か？　練習のポイントと注意点**

この練習がなぜ必要なのか？　実戦にどう生きてくるのかを解説。また練習をおこなう際のポイントや注意点を示しています。

▶ **ポイント**

この練習をおこなう上でとくに大事なこと、気をつけたいこと、意識したいことです。

そのほかのアイコンの見方

掲載した練習法をより効果的におこなうためのポイントの紹介です

練習にまつわるエピソードやどんな場面でおこなうのが効果的かを紹介します

第1章
身体の使い方

実技に入る前にバレーボールにおける基本的な身体の使い方を紹介します。
「身体を起こす」「3つの軸を活用する」「床から力をもらう」
「水平方向の力を垂直方向に変える」この4つのテーマを押さえて、
より効率的に身体を動かしていきましょう。

身体を起こす

すべてのプレイに繋がる基本の姿勢

背中が丸まった状態では腹筋や背筋を使うことができない。
トレーニングで鍛えた筋力を
効率的に動かせるように身体の使い方を覚えていく。

身体の背面の筋肉をたくさん使おう

松井先生が練習テーマを簡単解説！

　選手がいくら筋肉トレーニングをしても、技術が上がらないことがあります。実際には身体の使い方が正しくないのが理由として挙げられます。身体の使い方として、一番力を発揮できるのは背中の筋肉、腿の裏の筋肉、ふくらはぎの筋肉といった大きな筋肉を使っているときです。そのうえでボールをコントロールする必要があります。「身体を起こす」ということは大きな筋肉を使うので非常に重要になります。ウエイトリフティングの選手がバーベルを持ち挙げるときに背中を丸めたまま持ち挙げることはありません。また、サッカーなどでボールを蹴るときやバスケットボールでシュートを打つときも必ず背中の大きな筋肉を使ってボールに力を伝えています。背中を丸めてしまうと、背部の筋肉を使うことができないので、大きな力を発揮することができません。バレーボールも同様に大きな力を発揮するには身体をしっかり起こして、プレイすることが重要になります。オーバーハンドパス、アンダーハンドパス、アタック、ブロック、サーブのBIG5と言われる技術も、この身体の使い方をしなければなりません。まずは身体を起こすことを意識してボールを投げたり、打ったりすることからはじめてみましょう。

身体を起こすためのドリル

力をボールに伝える
（ねらい）

Menu 001 ツーハンズ・スローイング

》 主にねらう能力

難易度 ★★★
回数 各10回

1 ノーバウンド

胸を張る
かかとを上げてひざを伸ばす

2 1バウンド

かかとを上げてひざを伸ばす
胸を張る

やり方

2人1組で4.5m離れて向き合う。頭上から両手でボールを投げ（or 叩きつけ）あう。

! ポイント

背中で背筋を使って投げる

ボールを遠くに飛ばしたり、高く叩きつけたりすることが目的ではないので、まずは身体の使い方を意識する。かかとをしっかりと上げてひざを伸ばし、最後まで胸を張り、背中を丸めないことが大事。

▲かかとが上がっていない　▲背中が丸まっている（腹筋を使っていない）

👆 ワンポイントアドバイス

》 正しい動きでボールに力を伝えよう

ここで紹介するドリルは簡単なものばかりだが、正しく身体を使えていない人がほとんど。なんとなく投げるのではなく、正しい動き&筋肉を意識しよう。そうすることで、ボールに力を伝えることができる。

身体を起こすためのドリル

背中を伸ばして遠くまで投げる

Menu **002** ワンハンド・スローイング

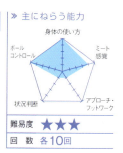

» 主にねらう能力

難易度 ★★★
回数 各10回

やり方
2人1組で9m離れて向き合う。片手でボールを投げ（or 叩きつけ）あう。

1 ノーバウンド

背中で投げる　胸を張る　投げるほうの脇を伸ばす

2 1バウンド

背中で投げる　投げるほうの脇を伸ばす

! ポイント
背中で投げる意識を持つ

かかとを上げた状態で胸を張って投げるのはツーハンズ・スローイングの要領と同じ。背中で投げるイメージを持ち、投げるほうの脇を伸ばすようにする。

Extra ギャラリースロー

身体の使い方がわかってきたら、次はやり投げみたいなイメージで遠くまで投げてみる。身体の使い方ができていればボールに力が伝わり、遠くに飛ばすことができる。

身体を起こすためのドリル

胸を張ってスイングする

ねらい

Menu 003 ワンハンド・スパイク

≫ 主にねらう能力

難易度 ★★★
回数 各10回

1 打ちつけ（1バウンド）

胸を張る
脇を伸ばす

上体が前に
倒れない
ように

2 ロング打ち（ノーバウンド）

胸を張る
脇を伸ばす

上体が前
に倒れな
いように

脇をゆるめる
のもNG

やり方

1. 2人1組で9m離れて向き合う。スパイクの要領でボールを床に叩きつける。
2. 2人1組で9m離れて向き合う。スパイクの要領でボールをミートし、ノーバウンドでパートナーに届くようにする。

! ポイント

スイングの仕方に注意

腕を前に振るのではなく、ひじを上に持っていくイメージで。できるだけ高い位置でボールを捉え、打ったあとも上体が前に倒れない（腰を曲げない）ようにする。

ひじが上に
いくイメージ

❌ ここに注意！

ひざが曲がり、
身体が小さくなる

3つの軸を活用する

身体の軸を使ってより効率的に！

人間の身体は大きくわけて3つの軸から成り立っている。
この軸を使うことで、より大きなパワーをボールに与えることができる。

1 反り・戻しの軸

2 左右ひねりの軸

3 倒し・起こしの軸

3つの軸をフルに使おう

松井先生が練習テーマを簡単解説！

あなたは身体にある3つの軸を知っていますか？　人間には、反り・戻しの軸、左右ひねりの軸、倒し・起こしの軸があります。この3つの軸をすべて使うことが自分の持っている筋力を発揮することに繋がります。でも、多くの選手の場合は、1～2つの軸しか使えてない場合が多く、3つの軸を使える選手がなかなか見られません。たとえばアタック動作のとき、反り・戻しの軸しか使ってない選手が多いように思います。これでは腕の力だけでボールを打つことになりますので、ボールに大きな力が加わりません。それに加えて、左右ひねりの軸と、倒し・起こしの軸を使うことによって、ボールに力が伝わるようになります。10～13ページの「身体を起こす」と同様に人間の身体の軸を理解して運動することが非常に重要です。そこで3つの軸を意識したボール投げやオーバーハンドのサーブを練習してみましょう。「身体を起こす」では、大きな筋肉を使うというのが目的でしたが、ここでは反ったりひねったり傾けたり人間の身体の特性・特長を理解して、プレイすることを身につけましょう。

3つの軸を活用するためのドリル

投球法別に力の伝え方を覚える

Menu 004 3つの軸を使ったスローイング

> 主にねらう能力

難易度 ★★★
回数 各10回

1「反り・戻し」の軸（ツーハンズ・スローイング）

- しっかり反る
- 投げたあとも上体を倒さない
- かかとを上げて上体を戻す

> やり方

2人1組で9m離れて向き合い、ボールをノーバウンドで投げあう。

> ? なぜ必要？

>> 効率的な動きボールに威力を！

軸を使った動きができていればボールに力が伝わるので、鍛えた筋肉を有効に使え、強烈なスパイク、強烈なサーブを打つことができる。普段から軸を意識し、効率的な身体の動きを身につけよう。

2「左右ひねり」の軸（片手サイドスローイング）

- ひじを伸ばす
- 腰を回転させる

3「倒し・起こし」の軸（片手オーバーヘッドスローイング）

- 腕を伸ばす
- 腕の力を使わずに投げる
- へそを軸に、右から左に重心移動

▲1の軸と2の軸を使うとスパイクのフォームに繋がる。さらに3の軸を加えると、より強烈なスパイクを打つことができる

3つの軸を活用するためのドリル

ひねりを使って力を伝える

Menu 005 壁向き正面スロー

» 主にねらう能力

難易度	★★★
回数	10回

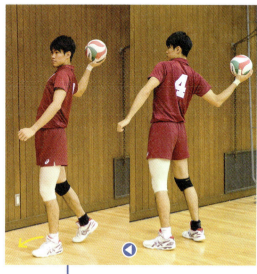

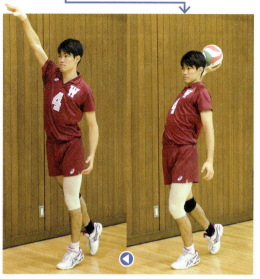

やり方

2人1組で9m離れて立つ。投げる人は壁を向いて立ち、パートナーがいる方向に身体を90度回転させてから、投げる。

❗ポイント

腰をひねってから投げる

あえて壁に向かって立つことで身体の向きを意識させる。まずは腰をひねりパートナーの方を向き、そのひねりを確認してからスローイングするという2段階動作でおこなう。

かかと→腰→上体の順で方向転換

両足をついた状態から、足のつま先（写真では左足）を投げたい方向に90度回転させる。下からうねるように腰を回転させ、最後に上体を投げたい方向に向ける。

横から

? なぜ必要？

≫ より力強いスパイクを打とう

トスは横から、あるいは斜め後ろから上がってくる。普段からこのような"ひねり"を加えた投球方法を取り入れ、ボールに力を伝えられるように。コツをつかめばより力強いスパイクに繋がる。

Extra
オーバーハンド・ドライブサーブで「倒し・起こし」を意識する

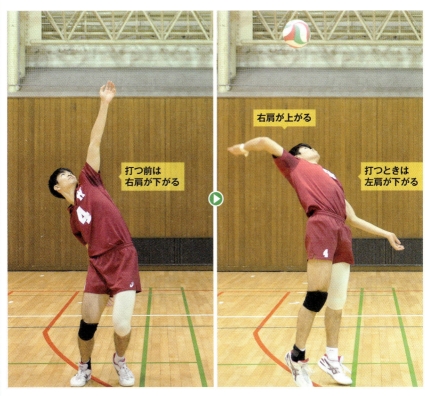

打つ前は右肩が下がる

右肩が上がる

打つときは左肩が下がる

いまではほとんど使われなくなったドライブサーブだが、14ページで紹介した③倒し・起こしの軸を使っている。打つ前は右肩が下がり、重心移動させながら打つときに左肩が下がり、右肩が上がる。この動作を使って自然と打てるようになればOK！

床から力をもらう

しっかり止まって力を伝える

ボールに正しい力を伝えるためには、床から力をもらうことが大事。
床を蹴ったときの反発力をどのようにいかせるかによって
プレイも変わってくる。

Point! ボールの落下点で待つ

Point! かかとからついて止まる

正しく止まり、大きな力を発揮する

 松井先生が
練習テーマを簡単解説！

　バレーボールにおいてすべての技術は地面を踏んで、地面を蹴ってプレイをします。それは床から力をもらってプレイをするということになります。つまり床を正しく踏んで、正しい力をもらえれば、大きな力を発揮することができます。バレーボールは止まっている動きだけでなく、止まった状態から動いて止まる。あるいは走って踏み切ってジャンプをするというような、すべて床からの力をもらって正しく自分の身体をコントロールできるようにしなければなりません。そのためには自分の身体を正しく使うことが大切です。しっかり止まるためには前述の「身体を起こす」ことがやはり重要になります。たとえば、しっかり止まるときにはかかとから入って止まることが大事であり、つま先から入って止まるとスピードに負けて、正しく止まることができません。なぜしっかり止まる必要があるかといえば、しっかり止まることによって重心が身体の真下にくるのでその後のプレイが安定しておこなえます。これはレシーブのときでもスパイクの踏み切りのときでも同じことが言えます。ですからここではかかと歩きからはじめ、少しスピードを上げたダッシュからのストップ、そしてジャンプ動作まで身につけましょう。

しっかり止まるためのドリル

床から力をもらう

Menu 006 かかと歩き

主にねらう能力

難易度 ★★★
回数 5回

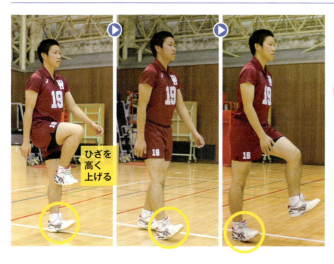

やり方
ひざを高く上げ、かかとからついて歩く

❌ **ここに注意！**

つま先からつく

▲しっかり止まることができず、身体が前に流れてしまう

Menu 007 3mダッシュ＆ストップ

難易度 ★★★
回数 5回

Point! 上体を起こす
Point! かかとからついて止まる

やり方
目安となるラインの手前3mくらいのところからダッシュして、ラインで止まる。

⚠ **ポイント**

かかとからついて止まる

勢いがついた状態でもかかとを使ってブレーキをかける。上体を起こすことも忘れずに！

しっかり止まるためのドリル

落下点に素早く入る

Menu 008 ストップ＆オーバー／アンダーキャッチ

》主にねらう能力

難易度 ★★★
回数 各5回

1 オーバーキャッチ

やり方

2人1組で9m離れて向き合う。コーチ役がボールを中間地点に放り投げて、もう1人がオーバーハンドの体勢でキャッチする。

エンドラインから走ってきてアタックラインでキャッチする

❌ ここに注意！

落下地点に入っていない

▲つんのめった状態はパスが不安定になる

Level UP!

ストップ＆ヘディング

同じ要領でダッシュし、ヘディングでボールを真上に上げて自分でキャッチできるように。より正確に落下点に入らないと、真上にボールが上がらない。これができるようになったら実際のオーバーハンドパスをやってみる。

!ポイント
ボールのスピードに合わせない

ボールが落ちてくるスピードに合わせるのではなく、落下地点に素早く入り、ボールが落ちてくるのを待つのが理想。Menu007で練習したように、かかとから入り身体の勢いを止め、上体を起こす。

?なぜ必要？
≫ プレイに集中する

ボールが落ちてくる前に落下地点に入ることは、その状況判断を正確におこない、どこに返球すればいいか、どのような球質がいいかを判断し、プレイに集中するために必要だ。

2 アンダーキャッチ

やり方

2人1組で9mくらい離れて向き合う。コーチ役がボールを中間地点に放り投げて、もう1人がアンダーハンドの体勢でキャッチする。

エンドラインから走ってきてアタックラインでキャッチする

Level UP!
ストップ&太ももキャッチ

落下地点を読んでうまくキャッチできるようになったら、次のステップへ。同じようにエンドラインから走ってきて、今度はキャッチではなく、ももの上でボールを捕らえ、真上に上がったボールをキャッチする。そのあと実際のアンダーハンドパスでやってみよう。

水平方向の力を垂直方向に変える

助走の勢いを高さに変換

スパイクやブロックは勢いをしっかり止めないと、身体が流れてしまい、高い位置でボールを捉えることができない。そのためにも助走の力を確実にジャンプに繋げよう。

Point!
しっかり止まることで、水平方向の力を垂直方向の力へと変換できる

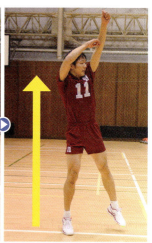

きちんと入ればきちんと出る

松井先生が**練習テーマを簡単解説！**

　前述のきちんと止まるということと同じことになりますが、助走してきてしっかりと止まって垂直方向へのジャンプをするためにはやはりかかとで止まることが重要です。ジャンプは垂直跳びと助走してのジャンプと2種類あり、正しいジャンプの仕方がそれぞれあります。たとえば垂直跳びの場合には胸を張って、ひざを深く曲げて、両腕をしっかり振ってジャンプすることが必要になります。助走からのジャンプはしっかり止まるという技術を身につけなければ、助走を生かすジャンプにはなりません。ましてや助走の勢いに負けてしまって、前に体重が乗ってしまうと、正しく垂直方向へはジャンプできません。きちんとブレーキが効いていれば、きちんと垂直方向へ行きますが、きちんとブレーキがかけられていなければ、きちんと垂直方向へはジャンプできません。つまり、ジャンプ力がいくら上がったとしても、正しい方向へジャンプができなければ、きちんとボールを捉えることができなくなり、ボールに力を伝えることができないのです。これはアタックでもブロックでもジャンピングサーブでも同じことが言えます。きちんと入れば、きちんと出るという原則に従って、床から力をもらうイメージ作りからはじめ、スピードがついてもきちんと止まれるドリルをおこないましょう。

真上にジャンプするためのドリル

床から力をもらう
イメージ作り

ねらい

Menu 009 もも上げステップ

難易度 ★★★
回数 5回

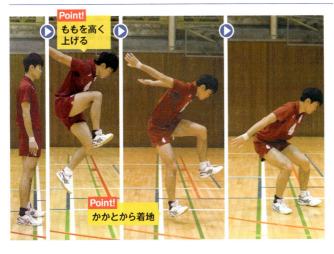

やり方
バックスイングを使って、その場で踏み込む。

ポイント
ももを高く上げる

イメージ作りのためのドリルなので、大げさにやってみる。ももを高く上げることでかかとから着地しやすくなる。身体が覚えるまで何回でもおこなう。

Menu 010 アタックライン 踏み込みステップ

難易度 ★★★
回数 5回

やり方
アタックラインを目安にして、1m手前に立つ。ラインに向かって大きく踏み込み、着地する。

Extra 真上ジャンプを加える

かかとから入ってピタッと着地できるようになったら、真上にジャンプするところまでやる。よりアタックの踏み込みに近くなる。

真上にジャンプするためのドリル

スピードがついても きちんと止まる

ねらい

Menu **011** 9mランニングステップ

》 主にねらう能力

難易度 ★★★
回数 5回

やり方

エンドラインから助走していき、ネット前で踏み込む。

身体を起こす

Point! 真上にジャンプする

Point! かかとから入り、しっかりブレーキをかける

❗ ポイント

しっかり止まる

9mのランニングでスピードがついたとしても、きちんとももを上げて、かかとから着地できるかどうかをチェック。かかとから入ることで助走（水平方向）の力を殺さずに、真上に跳ぶため（垂直方向）の力に変えることができる。

❌ ここに注意！

》 **身体が前に流れる**

つま先から入っているので、助走の勢いを止められずジャンプが前に流れている。

つま先から入る

身体が前に流れる

真上にジャンプするためのドリル

横方向のステップを垂直方向の力に変える

Menu 012 ぶつかりブロック

≫ 主にねらう能力

難易度 ★★★
回数 5回

やり方

1. 2人1組になり、ネット際に立つ。1人はネットに正対してブロックの構え。パートナーは2m離れたところにバランスボール（何かしらのクッション）を持って待つ。
2. ブロックの構えから2ステップで横に移動する。
3. パートナーが持つバランスボールにぶつかって止まり、真上にジャンプする。

※反対方向も同様におこなう。

バランスボールにぶつかる強弱により、どの程度身体が流れているかがわかる

⚠ ポイント　ジャンプが横に流れないように

助走からのジャンプは横や前に流れないようにするのが原則。
かかとから入ることをつねに意識し、ジャンプが流れないようにする。

Extra

6mダッシュ＆ブロック

ぶつかりブロックで真上に跳ぶ感覚を覚えたら、助走をつけた練習もおこなう。ライト側のネット前に構え、レフト方向に素早く移動。最後は3ステップでブロックジャンプする（反対方向も同様におこなう）。

ジャンプが流れないように

Extra

スパイク&その場ダイレクト

やり方

ネットを挟んでⒶスパイクを打つ人、Ⓑトスを上げる人、Ⓒダイレクトを出す人にわかれる。1本目は手投げトス、2本目はダイレクトボールをスパイクで打つ。

Ⓐ トスに対して3歩助走で踏み込む
Ⓑ Ⓒ

真上にジャンプし、スパイクを打つ

Point!
真上にジャンプできていれば、自然と両足で着地ができるので、ダイレクトが打ちやすい

踏み切ったその場に着地する

ダイレクトで来たボールをそのままスパイクで打ち返す

ポイント

かかとから入って止まることを意識する

練習者拡大

Point!
かかとから入る

第2章
オーバーハンドパス

オーバーハンドパスはバレーボール独特の技術と言えます。
身につけるまでに時間がかかるものですが、
身体の使い方を理解すると必ず上達していきます。
まずは「きちんと入ればきちんと出る」
ということからはじめていきましょう。

オーバーハンドパス理論

手の中にしっかり入れる

段階を踏んで練習していくことで、オーバーハンドパスはうまくなる。
手の中にしっかり入れて音がしないようなパスを目指そう。

蹲踞の姿勢を用いて練習する

松井先生が練習テーマを簡単解説！

　オーバーハンドパスはアンダーハンドパスに比べて、ボールコントロールが正確にできる技術です。セッターに代表されるように目標物に向かって正確に上げる場合にはオーバーハンドパスを用います。正確に上げられる理由の１つは目の近くでプレイをおこなうからです。オーバーハンドパスを上手におこなうためには、まずはボールのミート感覚が重要です。たとえばソフトキャッチのように手の中にきちんとボールを入れるような練習からはじめ、最終的には上半身と下半身を一体化させるトレーニングをおこなえば、ボールは正しい方向に飛んでいきます。つまりボールを捉えるミート感覚とその位置が非常に重要です。

　前出の「身体を起こす」の個所でも述べましたが、身体の近くでボールを捉えると、自分の持っている力を出しやすくなります。ボールの落下点にきちんと入らなければ、やはりボールは飛びません。そのために蹲踞の姿勢を用いて練習をおこなうことにより、一番力の入りやすい位置を覚えることが重要です。

柔らかいパス習得ドリル

指、手首、ひじの関節を柔らかく使う①

Menu **013** ソフトキャッチ

> 主にねらう能力

難易度	★★★★
回数	10回

やり方

2人1組になり、3m離れて向き合う。パートナーにふんわりボールを投げてもらい、優しくキャッチする。

練習者拡大

❗ ポイント

2段階にならないように

ボールを受け取るとき、動作が2段階になってしまわないようにする。キャッチして腕を引くのではなく、ボールと同じスピードで指、手首、ひじの関節を柔らかく折り曲げてボールの勢いを吸収する。

❓ なぜ必要？

≫ 安定したパスを目指す

パスのときにパチン！と音がするのは当たっている面積が少なく弾いているから。これでは正確なパスは出せない。指から手の中にきちんとボールが入れば、きちんと出ていくので、しっかりとボールをつかむことが重要になる。つまり指の腹を使ってしっかり握り、握っている時間が長ければ長いほどボールは安定する（＝柔らかいパス）。

指の腹を使ってしっかり握る

柔らかいパス習得ドリル

指、手首、ひじの関節を柔らかく使う②

ねらい

Menu 014 クッションパス

> 主にねらう能力

難易度 ★★★★☆
回数 各10回

やり方

2人1組になり、3m離れて向き合う。パートナーにボールを投げてもらい、ソフトキャッチの要領で受け取ったあとすぐに返球する。①胸もと②顔の前③おでこの上と徐々に捉える位置を上げていく。

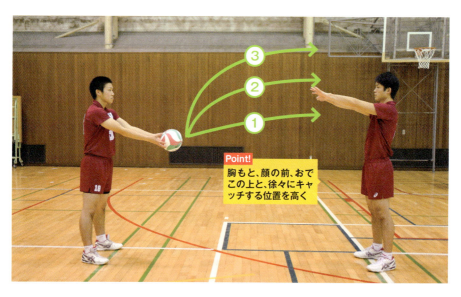

Point!
胸もと、顔の前、おでこの上と、徐々にキャッチする位置を高く

! ポイント

バスケのチェストパス

バスケットボールのチェストパスと同じ。ソフトキャッチと同じように指、手首、ひじを同時に使い、パチンと音をさせないように。手の中にボールを入れる感覚を身につけるときはバスケットボール、あるいはメディシンボールといった重いボールを使うと良い。

上級者向けアドバイス

≫ 手の中に入れる感覚を大事にする

オーバーハンドパスの基本は自分でボールを迎えにいくのではなく、落ちてくるのをしっかり待つこと。ボールの重みを全身で感じて、手の中にボールを入れて出すという感覚を養うのに、この練習は有効。大学の選抜チームでも取り入れているメニュー（おでこの上でのクッションパス）。

おでこの上でのクッションパス

柔らかいパス習得ドリル

上半身と下半身を一体化させる①

Menu **015** 足踏みパス

≫ 主にねらう能力

難易度 ★★★★★
回　数 10回

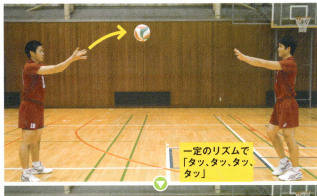

一定のリズムで「タッ、タッ、タッ、タッ」

Point!
ひざを曲げてボールをキャッチ

やり方

2人1組になり、3m離れて向き合う。パートナーにボールを投げてもらい、足踏みをしながらチェストパスをおこなう。

ポイント
ひざとひじの動きをリンクさせる

ソフトキャッチ、クッションパスと上半身の動きを覚えたあとは、下半身の動きを加えていく。ひざが曲がったときにひじが曲がり（ボールが手の中に入る）、ひざを伸ばすと同時にひじを伸ばしてパスをする。上半身と下半身の動きを連動させる。

ひざとひじを同時に伸ばしてパス

柔らかいパス習得ドリル

上半身と下半身を一体化させる②

ねらい

Menu **016** ケンケンパス

主にねらう能力: 身体の使い方／ミート感覚／アプローチ・フットワーク／状況判断／ボールコントロール

難易度 ★★★★★
回数 10回

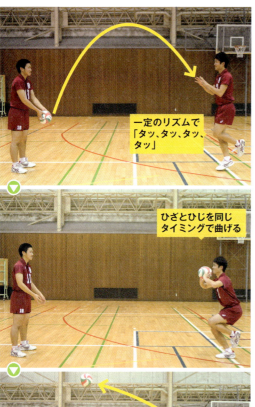

一定のリズムで「タッ、タッ、タッ、タッ」

ひざとひじを同じタイミングで曲げる

やり方

2人1組になり、3m離れて向き合う。パートナーにボールを投げてもらい、片足でケンケンしながらチェストパスをおこなう。

ポイント

ひざを曲げるタイミングでひじを引きつける

足踏みパスと同様に上半身の動きと下半身の動きをリンクさせる。ひざを曲げると同時に、ボールを吸収することを意識する。

ひざを伸ばしてパス　ひざを曲げてキャッチ

なぜ必要？

ケンケンで下半身を使う

「きちんとボールが入れば、きちんと出る」というのが基本の考え。きちんとボールを入れるために、手首やひじの動きだけでなく、下半身を使う必要がある。またひざを曲げることにより、全身の力が抜けてボールが入りやすくなる。

柔らかいパス習得ドリル

ボールを捉える位置を覚える①

Menu 017 ケンケンバックパス

>> 主にねらう能力

難易度 ★★★★★
回数 10回

ひざを曲げたときにキャッチ

やり方

ケンケンパスと同じ要領で片足でケンケンしながら、バックパスをおこなう。

ポイント

捉える位置を高く

ボールを捉える位置を胸ではなく、脳天で捉えることによってオーバーハンドパスで身につけないといけない"捉える位置"をマスターする。

なぜ必要？

>> ボールを捉える位置を身につける

柔らかいパスのためのドリルだが、バックパスをおこなうことにより、ボールを捉える位置を身につける。

柔らかいパス習得ドリル
ボールを捉える位置を覚える②

Menu **018** 全屈伸ヘディング

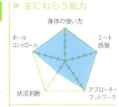

難易度 ★★★★★
回数 10回

やり方
2人1組になり、3mくらい離れて向き合う。パートナーが投げたボールを全屈伸してヘディングする。

❗ ポイント
かかとを揃えて蹲踞の姿勢で捉える

しゃがんだときに足が前後になっていると、ボールを捉えるポイントがいくつかできてしまう。でも蹲踞の姿勢はとるポイントが1個所しかないので、あえて蹲踞で落下地点に入るようにしよう。的確にボールを捉えることができていれば、ヘディングしたときにボールは真上に上がる。

Extra
距離を伸ばしていく
3mが簡単にできるようになったら、距離を4.5m、9mと徐々に広げていく。

❓ なぜ必要？

≫ 蹲踞の姿勢を身につける

ひざを全屈伸したときに、足を前後に開いた状態だと上体も前後してしまう（下のNG写真）。落下地点にきちんと入らなくても、なんとなくボールを捉えることができるが、両方のかかとを揃えての全屈伸（蹲踞）だと上体を前後させると体勢も崩れてしまう。つまりボールを捉えるポイントが1点しかないということ。きちんと落下地点を読むための第一歩として、蹲踞の姿勢はとても大事なのだ。

Point! かかとを揃える

▲足を前後に開いた状態はボールを前でも後ろでも捉えることができるが、不安定

📝 Extra

蹲踞がうまくできない人は？

足首が硬くて蹲踞がうまくできない人は、かかとをくっつけなくてもいいので、つま先を外に向けて全屈伸すればOK！

👆 ワンポイントアドバイス

≫ オーバーパスを遠くに飛ばす3つのポイント

1 落下地点に入る　　**2** 上体を起こす　　**3** 指をピンと張る

※この3つを頭に入れてMenu018～022のドリルをやれば、必ず遠くに飛ぶようになる。

柔らかいパス習得ドリル

ボールを捉える位置を覚える③

Menu **019** 全屈伸オーバーハンドパス

> 主にねらう能力

難易度	★★★★★
回　数	10回

蹲踞の姿勢で落下点に入る

やり方

2人1組になり、3mくらい離れて向き合う。パートナーが投げたボールを全屈伸してオーバーハンドパスする。

ワンポイントアドバイス

≫ きちんと入ればボールは飛ぶ

全屈伸ヘディングで落下地点に入るコツをつかんだら、次はオーバーパスをしてみる。ここでも蹲踞の姿勢を取ることが大事！　落下地点に入っていれば、ボールは飛ぶ。3mが簡単にできるようになったら、距離を4.5m、9mと徐々に広げ、前後左右にも動く練習を。

Menu **020** ボールトラップ

難易度	★★★
回　数	5回

やり方

2人1組になり、4.5m離れて向き合う。パートナーが投げたボールを胸に当ててボールを下に落とす。サッカーのトラップをイメージしておこなう。

なぜ必要？

≫ 身体を起こす感覚をつかむ

ポイント

胸を開いて上体を起こす

胸を開いて落下地点に入る。身体を起こす感覚をつかむトレーニングなので、意識的に胸を開く。

ここに注意！　胸が張れてない

ボールに合わせようと上体が前に傾いている

Menu 021 指パス

難易度 ★★★★★
回数 10回

ひじを曲げない

やり方
2人1組になり、3m離れて向き合う。パートナーが投げたボールを指だけでパスする。

なぜ必要？
≫ 指を張る感覚をつかむ

5本の指をピンと張る

指が丸まっている

ポイント
手首、ひじ、肩を動かさない

通常、オーバーパスは指、手首、ひじ、肩、下半身を同時に使うが、ここで大事なのは指を張る感覚をつかむこと。手首、ひじ、肩、下半身を固定し、指の力だけでパスする。

Menu 022 脳天パス

難易度 ★★★
回数 10回

やり方
2人1組になり、4.5m離れて向き合う。パートナーが投げたボールを頭上でパスする。

なぜ必要？
≫ 軸に近いところで飛ばす

ポイント
頭の真上でパスする

身体の軸に近いところでボールに力を加えるのが一番飛ぶ。額の前というより、もっと高いところ（脳天）で捉えるようにするとパスを遠くまで飛ばすことができる。

ハンドリング

ペアプラクティスでうまくなる

オーバーハンドパスのハンドリングをさらに向上させるために、2人で効率よくパスをしながら、さらなるレベルアップを目指す。

4つのパーツをシンクロさせる

松井先生が練習テーマを簡単解説!

　オーバーハンドパスを上手におこなうためには、指、手首、ひじ、肩、全身をうまくシンクロさせて、1つのボールに力を伝えなければいけません。このパーツを1つひとつ分解してトレーニングすることにより、より正確なオーバーハンドパスができます。

　前述したように「きちんと入ればきちんと出る」という原則に基づいて考えると、手のひらの中にボールがきちんと入れば、きちんと出るということになります。指先だけのパスではしっかりとボールを包み込んでいないため、正確なボールは出て行きません。ハンドリングを向上させるためにはより多くの関節を動かすことが必要ですし、ペアプラクティスを通して、オーバーハンドパスの優れたハンドリングを身につけていきましょう。最終的にはボールコントロールも向上していきます。

ハンドリングを向上させるペアプラクティス

4つのパーツ(指、手首、ひじ、肩)を意識する①

ねらい

Menu 023 5段階オーバーハンドパス①

» 主にねらう能力

難易度 ★★★★★
回数 各10回

やり方

2人1組になり、3m離れて向き合う。4つのパーツを意識し、段階的にオーバーハンドパスする。

1 指パス

後ろから

⚠ ポイント

37ページを参照しよう

手首、ひじ、肩、下半身を固定し、指だけでパスをする。5本の指をピンと張ることが重要。

2 手首パス

⚠ ポイント

ひじを固定

手首の感覚を養うドリルなので、ひじを固定することで、より手首の感覚がわかりやすくなる。指と手首だけを使ってパスをしてみよう。

3 ひじパス

⚠ ポイント

ボールを身体に引きつける

指、手首、ひじの曲げ伸ばしを使ってボールを身体に引きつける。ボールを引きつけるためには、ひじを十分に折り曲げる。

ハンドリングを向上させるペアプラクティス

4つのパーツ（指、手首、ひじ、肩）を意識する②

ねらい

Menu **024** 5段階オーバーハンドパス②

≫ 主にねらう能力

身体の使い方／ミート感覚／ボールコントロール／状況判断／アプローチ・フットワーク

難易度 ★★★★★
回数 各10回

※やり方は39ページ参照。

4 肩パス

Point! ボールトラップのイメージ

▲動かし方がわからない場合は、胸を広げるイメージでやってみる

5 全身パス

拡大

ワンポイントアドバイス

≫「1」のタイミングで出す

1つひとつの動きはできても全部の動きをまとめると、上半身が「1（イチ）」、下半身が「2（ニ）」というように2段階になってしまう人がいる。イメージは「1」のタイミングでボールを全身で吸収し、反動を使って出すようにする。

ハンドリングを向上させるペアプラクティス

動きながら、4つのパーツを意識する
（ねらい）

Menu 025 動きながらのパス

» 主にねらう能力

難易度 ★★★★
回数 10回

やり方

2人1組になり、6m離れて向き合う。4つのパーツ（指、手首、ひじ、肩）を意識しつつ、前後左右の動きを取り入れながらオーバーハンドパスをする。

❓ なぜ必要?

» **試合に近い状況で動作を確認する**

今までのパスを使って、余計な動作（前後左右の動き）をわざと入れる。パスをする前にサイドステップや前後にステップをしてからパスをおこなうなど、より試合に近い状況で、段階を踏んでやってきたことがきちんとできるかどうかを確認しよう。

Extra

直上パス→90度回転にもトライ

サイドステップや前後の動きからのパスに慣れてきたら、直上パスを入れて身体を回転させるなどバリエーションを増やす。パスドリルは①自分が進む方向②動きのスピード③使う手④パスの高さ⑤自分の回転角度⑥回転する方向によってたくさんのバリエーションができる（172ページの図参照）。いろいろなパターンを組み合わせてボールをコントロールしていこう。

41

オーバーハンドを向上させるペアプラクティス >>

飛んで来る方向と出す方向の基本的なパターンを練習する

オーバーハンドパスのクロス 4.5m

やり方

1. 3人1組になり、Ⓐ、Ⓑがネット際に立ち、Ⓒが4.5m離れてⒷと向き合う。
2. ⒷがⒸに向かってまっすぐにボールを放り投げ、ⒸがⒶにオーバーハンドパスで（クロス方向に）送る。
3. Ⓐがボールをキャッチし、ⒸはⒶの前に横移動する。
4. 今度はⒶがⒸに向かってまっすぐボールを放り投げ、ⒸがⒷにオーバーハンドパスで（クロス方向に）送る。
5. Ⓑばボールをキャッチし、ⒸはⒷの前に横移動する。
※ 1～5の動きを繰り返す。

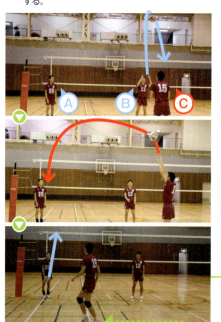

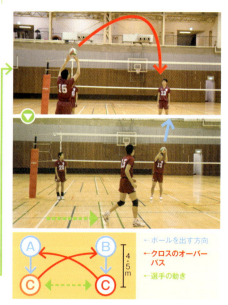

← ボールを出す方向
← クロスのオーバーパス
← 選手の動き

▲飛んでくる方向と出す方向の基本的なパターンを練習。まっすぐに飛んできたものをクロス方向にパスをする。

Extra

オーバーハンドパスのストレート4.5m

クロスへのオーバーハンドパスが正確に出せるようになったら、ストレート方向へのパスにも挑戦してみよう。さらにレベルアップしたい人は、距離を6m、9mに伸ばしていく。

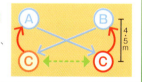

第3章
アンダーハンドパス

オーバーハンドパスと同様にアンダーハンドパスも
バレーボールにとって欠かせない技術です。
しっかりと床から力をもらって背中に力を伝えていきましょう。
下半身で落下地点を探り、腕で作る面でボールを
コントロールしていくことを覚えましょう。

アンダーハンドパス理論

乗せる感覚を身につける

アンダーハンドパスはレセプションやディグ、イージーボールの際に使われる技術。身体の使い方、ミート感覚などのポイントを1つひとつ理解して技術向上を目指そう。

セッターに正確に返球する

松井先生が**練習テーマを簡単解説！**

　多くの場合、相手から来るボールに対して用いる技術で、しかも味方に繋げる技術です。使う場面としてはサーブを受けるときに用いるレセプションと、相手のスパイクをレシーブするディグ、そして相手が攻撃しきれなかったときに返ってきたボールに用いるアンダーハンドパスがあります。味方のセッターに返球するときに用いられるので、正確におこなわなければいけない技術です。またアンダーハンドパスは目よりも下の位置にボールが飛んできたときに主に用います。とくに身体の使い方については前述した通り、身体をしっかり起こし、背面の筋肉を使い、ボールの近くまで動いてしっかりと止まったうえで、腕にボールを乗せる感覚でパスをします。このミート感覚を覚え、ボールの飛んで来るところに正しく入れるようにし、最終的にはボールをコントロールすることを意識します。ボールを迎えにいったり、腕を一度引いたり、振ったり、弾いてしまうということがないようにしなければいけません。飛んで来るボールはスピードがあるのでわざわざ腕を振ってボールに衝突しないようにしましょう。これらのドリルは、レセプションとディグの両方に活用できるドリルです。

ミート感覚を覚えるドリル

腕にボールを乗せる感覚を身につける

Menu **026** ボール乗せ

» 主にねらう能力

難易度 ★★★★
回　数 10回

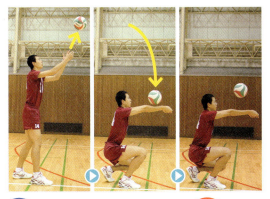

やり方

自分でボールを直上に放り投げ、アンダーハンドパスの構えで待つ。落ちてくるボールを腕に乗せる。

⚠ ポイント

ももと面が平行に

ももと面が平行になるようにして構え、腕と下半身でボールの勢いを吸収する。ボール1個分くらいの跳ね返りくらいならOK。

❓ なぜ必要？

» **ボールを乗せるイメージ作り**

ボールを腕に乗せるイメージをつける練習。ボールが弾まないように、腕と同時に下半身でもボールの勢いを吸収するようにする。

❌ ここに注意!

» **ボールを弾かない**

ボールの力を吸収できないとボールが跳ねてしまう。腕を振らないこと、腕を下げたり、上げすぎたりしないこと。

Extra

ボール乗せウォーキング&ランニング

ボールを乗せる感覚がわかってきたら、動いてみる。歩いたとしても、太ももと腕の角度が同じになっていることを意識する。ボールを落とさずにできたら、難易度を上げて走るところまでやってみよう。

ミート感覚を覚えるドリル

ボールを乗せる感覚を身につける

Menu **027** プラットフォーム直上

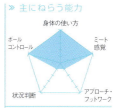

> 主にねらう能力

難易度 ★★★★
回数 10回

1.5m

やり方

2人1組になり、1.5m離れて向き合う。1人がひざ立ちをし、アンダーハンドパスの面を作った状態で構える。その面を目がけてパートナーが強打スパイクを打つ。

⚠ ポイント

1枚の面を作る

腕の面のことをプラットフォームという。2本の腕が1つになり、1枚の面を作ることがアンダーハンドパスの基本。2本の腕がバラバラにボールに当たらないようにしよう。

❌ ここに注意!
面が作れていない
腕がズレる

👆 ワンポイントアドバイス

≫ 板やフラッグを持つ

腕がズレてしまう人は、板みたいなものを持ってやってみる。あるいはフラッグを両手に握ってもOK。腕が1枚の板になるように意識する。

ミート感覚を覚えるドリル

ボールを乗せる感覚を身につけ、腕を振らない

Menu **028** プラットフォーム直上4.5m

» 主にねらう能力

難易度 ★★★★★
回数 10回

やり方

2人1組になり、4.5m離れて向かい合う。1人がひざ立ちをし、アンダーハンドパスの面を作った状態で構える。その面を目がけてパートナーが強打スパイクで打つ。

4.5m

! ポイント

距離が離れても面を意識する

プラットフォーム直上は近い距離で打ってもらったので、腕を固定して待っているだけでよかったが、距離が離れるとボールに合わせて腰が浮いて全部がバラバラになってしまう場合があるので、距離が離れたとしても腕が1枚の板になるように、面作りを意識する。

ワンポイントアドバイス

» **スパイカーの練習になる**

2人の距離が離れると、打ち手の技術が必要となる。中学生だときちんとパートナーの面にピンポイントで打てない場合もあるので、難しいときは投げる。でも、スパイカーもコントロールの練習になるので、慣れてきたらなるべくスパイクで打つように。レシーバーだけでなく、パートナーにとってもいい練習になる。

落下地点に入ろう

ボールの飛んでくるところに正しく入る

ねらい

Menu 029 全屈伸アンダーキャッチ

> 主にねらう能力

難易度 ★★★★★
回数 10回

やり方

2人1組になり、4.5m離れて向き合う。パートナーにボールを投げてもらい、全屈伸しながらボールをアンダーキャッチする。

! ポイント
全屈伸は捉えるポイントが1個所

足が前後に開かないことが大事。蹲踞の姿勢を意識することで、捉える個所は1個所に限られるので、落下地点にしっかりと入ることができる。

前から

NG ひざが開いていない

▲35ページで練習した蹲踞の姿勢が取れていない

Menu 030 全屈伸アンダーハンドパス

難易度 ★★★★★
回数 10回

やり方

2人1組になり、4.5m離れて向き合う。全屈伸しながらアンダーハンドパスをする。

! ポイント　パスを正確に

落下点に入るのは全屈伸アンダーキャッチでやっているので、ここではその体勢から正確にパスが入ることを目指す。正確にパスを出すためには、ボールをヒットするのと同時にひざを伸ばすことが必要。全屈伸することに集中してパスが乱れているケースをよく見かけるので、まずはパスの精度を上げる。

※全屈伸キャッチも全屈伸アンダーハンドパスも成長期の選手はひざを痛める場合があるので、数を少なくして、落下地点に入る確認程度にする。

練習者拡大

パスドリル

腕を振らずボールを
コントロールする

Menu **031** 直上アンダーハンド＆
オーバーハンドパス

》 主にねらう能力

難易度 ★★★★★
回数 10回

やり方

2人1組になり、4.5m離れて向き合う。アンダーハンドで直上にパスしてからオーバーハンドパスで相手に返す。

⚠ ポイント　腕と地面は平行にする

アンダーハンドパスのときに腕をまっすぐ地面と平行にしたまま、ボールを受ける。ボールを乗せる感覚で直上パスして、そのボールを1歩も動かずにオーバーハンドパスで返す。面が後ろにいったり前にいきすぎたりすると、次のオーバーハンドパスにうまく移れない。

📣 上級者向けアドバイス

》 海外の選手のスパイクでも弾かない

レベルが高くなると、相手スパイカーのスパイクもパワフルなものとなる。とくに海外の選手はパワーがあるので、ディグのときに腕を振ると衝突が起こり、ボールがコントロールできなくなり、思わぬ方向に飛んでしまう。レシーバーはボールの勢いを殺すくらいの感覚が必要になるので、腕を振らない意識づけとしておこなう。

アンダーハンドパスを向上させるペアプラクティス

ねらい 2本の腕が1枚の板になって、ボールを乗せることができているか。走りながらボールに足で合わせることができているかを確認する。

3個所レシーブ6m

やり方

1. 2人1組になり、6m離れて向き合う。1人がボールを中間くらいにシュッと投げ、もう1人が前進しながらアンダーハンドパスする。
2. パスしたあと数歩前進して蹲踞する。
3. バックステップでスタート地点まで戻り、サイドステップで移動する
4. そこからまたボールを投げてもらい、前進しながらアンダーハンドパスして蹲踞する。
5. バックステップでスタート地点まで戻り、反対側にサイドステップしてボールを投げてもらう。

※3個所を1セットにし、10回。

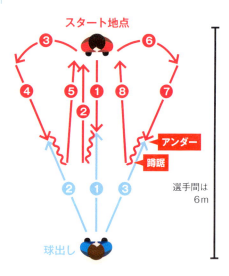

第 4 章
レセプション

レセプション（＝サーブレシーブ）が苦手という人は多いかもしれません。
レセプションはバレーボールのなかでも難しい技術で、
個人的な技術はもちろん、隣同士、前後の関係を明確にして、
誰がとるのかを明確にする必要があります。

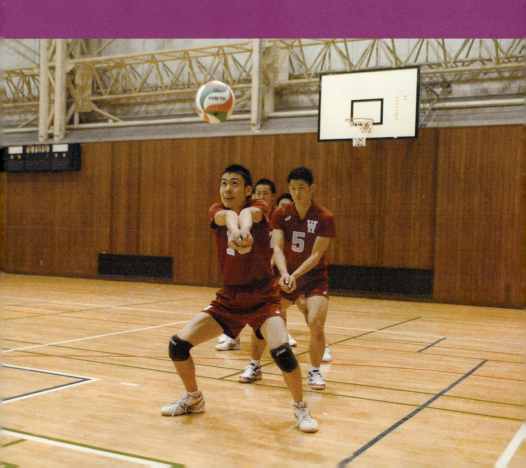

レセプション理論

チーム一丸となって取り組もう

個人の力も大事だが、チームとして取り組む必要があるのがレセプション。
誰がとるのかを早く判断する練習をしていこう。

面に当たるミート感覚を覚える

松井先生が練習テーマを簡単解説！

　レセプションはバレーボールの技術のなかで難しい技術の1つです。それはボールが変化をしてきたり、スピードボールであったりいろいろな種類のボールが飛んでくるからです。ですからアンダーハンドパスを用いるなかでディグよりも難しい技術と言えます。まずはボールが飛んでくる落下点の位置を読んで移動を完了し、止まった状態で面を作ることが重要です。そして、面ができたらならば、アンダーハンドパスのときと同じようにボールを乗せる感覚でその場に落とすようなイメージで腕を振らないようにします。そのためには下半身の体重を返球方向に乗せておくことが大事です。また、いろいろな種類のボールが飛んでくるので、面に当たるミート感覚を養わなければなりません。サーブが打たれてからレセプションまでは時間がかかる場合が多いので、その打球に対して誰がとるかを早く判断し、落下点に移動することが重要です。サーブの打球を線でイメージし、相手コートのアタックライン通過時までに落下点を読みましょう。また、チーム内でその責任範囲をルール化し、あらかじめ確認することが重要です。

落下地点を読んで面を作って運ぶ

よりレセプションに近いフォームでできるようにする

Menu **032** 太ももキャッチ

» 主にねらう能力

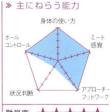

難易度	★★★★★
回数	10回

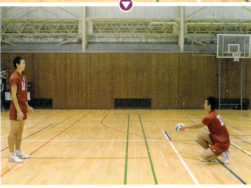

やり方

2人1組になり、6m離れて向き合う。パートナーにボールを放り投げてもらい、片ひざを出してしゃがみ、太ももに当てる。そのボールを自分でキャッチする。

ポイント

下半身で捉えるイメージを持つ

21ページのMenu008 ストップ&アンダーキャッチの中の「太ももキャッチ」と基本的には同じ。意識してほしいのは下半身で捉えるということ。腕でボールを捉えるのではなく、太ももでボールの勢いを吸収し、それをキャッチする。この体勢に腕を添えればレセプションの基本となる動きとなる。

参照ページ
P048 Menu029

太ももキャッチに入る前に、48ページのMenu029 全屈伸アンダーキャッチをおさらい。ボールが飛んでくるところに正しく入る練習をしたあと、太ももキャッチに入ろう。

落下地点を読んで面を作って運ぶ

ボールを乗せる感覚でその場に落とす

ねらい

Menu 033 ソフトレシーブ

》主にねらう能力

難易度 ★★★★★
回数 10回

やり方

2人1組になり、6m離れて向き合う。パートナーにボールを放り投げてもらい、全屈伸で落下地点に入りアンダーハンドで当ててその場に落とす。

！ポイント

ボールを迎えにいかない

腕でボールの勢いを吸収する練習。腕でボールを迎えにいかないように。ボールが高く上がらないように、面を使って下半身を折り曲げてボールの力を吸収して落とす。

上級者向けアドバイス

》ジャンプサーブを受けてみる

上級者なら自然とできるメニューだが、レセプションが乱れるときなどは意識的に取り入れたほうがいい練習。実際のジャンプサーブを打ってもらい、ひたすらボールを待って吸収する。セッターへの返球ではなく、吸収する感覚をソフトレシーブで養う。

面を作る

ボールを乗せる感覚を身につけ、腕を振らないようにする

ねらい

Menu 034 レシーブ面作り

» 主にねらう能力

難易度	★★★★☆
回数	10回

ピシッ！

やり方

2人1組になり、4.5m離れて向き合う。パートナーにオーバーハンドスローでボールを投げてもらい、アンダーハンドレシーブする。これを連続でおこなう。

ポイント

ピシッ！と音がするまで練習しよう

レセプションでも1つの面がズレないようにするのが大事。実際にやってみると意外と両腕に当たらないものだが、基本なので繰り返し練習する。とくに最初は質より量を重視したいので、本数をこなしてボールが当たるミート感覚を身につける。正しく面ができていれば、ピシッ！という音がする。

上級者向けアドバイス

» 目指せ10000本！

レシーブ面作りはソフトレシーブと同様に大事なメニュー。シーズンオフ中に、最低でも5000～7000本くらいは実際のサーブでレセプション練習をおこなうといい。レセプションの成功率は試合の勝敗に大きく左右する。

体重を乗せる

ボールを身体で運ぶ感覚を身につける

Menu **035** 体重乗せレシーブ

≫ 主にねらう能力

難易度 ★★★☆☆
回数 5回

Point!
腕と太ももは平行

やり方

1. 2人1組で、1人がレシーブの構えで面を作る。パートナーがボールを当てて、グッと押さえつける。
2. レシーバーは押し負けないようにして、しばらく押し合ったあとパートナーが力を抜く。

ポイント

腕と同時に下半身も体重を乗せる

レシーブの構えなので、太ももと腕を平行にして構える。レシーバーは押し負けないように下半身でしっかり踏ん張り、体重を乗せる感覚を覚える。パートナーが力を抜いたとき、1歩前に出るぐらい体重を乗せる。

なぜ必要?

≫ 強いボールを弾かないようにする

バレーボールは後ろに人がいないので、前から飛んできたボールを前に返すのが原則。前から来たものを前に返すというシンプルな理論なので、ボールが来る方向にしっかり下半身で体重を乗せることで、強いボールを後ろに弾かないようにする。腕を振らなくても、腕と下半身がボールの返球方向に体重が乗っていれば、思い通りに返球できる。

体重を乗せる

体重を乗せる感覚を身につける

Menu 036 プラットフォーム正面 4.5m

難易度 ★★★★
回数 10回

腕を張り、
身体を立てる。
背筋に力を入れる

Point!
ボールに対して
身体を動かさない
OK

❌ ここに注意！

腕を張れていない

やり方

2人1組で4.5m離れて向き合う。1人がレシーブの構えで面を作り、パートナーが面を目がけて片手スパイクを打ち込む。

⚠ ポイント

ボールに対して身体を動かさない

レシーブ面作りではパートナーにボールをオーバーハンドスローで投げてもらったが、ここでは片手スパイクを打ってもらう。ちなみに距離が短いと腕や下半身を固定しやすいが、6mと距離を広げていくと、ボールに対して形が崩れてしまうことがある。身体を動かさずに待つことができず、自分が動いていきがちなので注意する。

❓ なぜ必要？

≫ 下半身に体重を乗せる

46～47ページで紹介したプラットフォーム系の練習は面を作るための練習だったが、ここではきちんと下半身に体重が乗っていて、背筋に力が入っているかを確認するメニューとしておこなう。同じ練習でも目的やねらいによって意識や動きが変わることを知っておく。

◀身体を起こしておこなう。ボールに反応して身体が動き、腕を振ってしまわないようにする。

誰がとるかを早く判断するドリル

2人の位置関係を意識する

ねらい

Menu **037** サイド3m

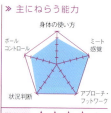

> 主にねらう能力

難易度	★★★★☆
回数	10回

やり方

エンドラインからアタックラインまでの6m、サイドラインからコートの内側3mのスペースに2人ずつ入る。コーチ役の人にサーブを打ってもらいレセプションする。

! ポイント

早めに声を出す

ディグと違ってサーブは飛んでくるまでに時間がかかる。どちらとも落下地点に入ることができるので、早く声を出して2人のうちのどちらがとるかを明らかにする。そのため狭いコートを設定し、2人を入れている。

? なぜ必要？

≫ サーブを線でイメージする

レセプションはボールを点ではなくて線でイメージすることが大事。打球を見たときに飛んでくるボールを線でイメージできると、その延長線上には誰がいるのかが想像できる。より早く判断できれば、より早い声出しに繋がる。

レセプションの3つの考え

❶ 選手間を大きく開けずに守る

人と人の間が広いと、誰がとるのかの対応が遅れたり、お見合いしてしまったりする。そのようなミスを減らすために、選手間は大きく開けずに守るようにする。

❷ うまい人が率先してとる

レセプションはセッター以外の5選手で守るが、全員が均等にとる必要はなく、レセプションが得意という選手（リベロなど）が積極的にとるような形にする。

❸ 誰がとるかルールを決める

サーバーの位置から近い人がとるのが大原則。その他にもチーム内であらかじめルールを決めておけば、誰がとるのかで迷うことがなくなり、ミスを減らすことができる。

Extra

決してあきらめない!!

バレーボールは競技特性として、主に①ネットによって、敵味方がはっきりと区別されている、②相手によって自己のプレイが直接妨害されない、③味方コートにおける3回の間は、自由意志によってプレイすることができる、などが挙げられます。つまり、相手に邪魔されることなくプレイができるので、練習をすれば成果は表れるということです。

発明家のトーマス・アルバ・エジソン（1847年〜1931年、アメリカ）は、次のような格言を残している。

「成功しない人があるとすれば、それは努力と思考を怠るからである。」

「ほとんどの人の弱点は、ほんの1、2回の失敗でやめてしまうことだ。わたしは自分が求めるものを手に入れるまで、決してあきらめるようなことはしない。」

さあ、みなさん自分をふり返り、最後まで頑張ってみましょう！！

誰がとるかを早く判断するドリル

狭いスペースで判断力を養う
(ねらい)

Menu 038　3m × 3m

主にねらう能力

難易度 ★★★★
回数　10回

やり方

エンドラインからコートの内側3m、サイドラインからコートの内側3mのスペースに2人ずつ入る。コーチ役の人にサーブを打ってもらいレセプションする。

⚠ ポイント　後ろの選手が声を出す

さらに狭いスペースとなり、すぐ隣に人がいるようなものなので、より早く声を出す必要がある。最低でも相手コートのアタックラインをサーブが通過するときには判断しよう。基本的には後ろの人から声をかけるが、前の人も「オーライ」「頼む」などといった声を出すと、2人の連係が取れる。

Menu 039　5人4.5m

難易度 ★★★★
回数　10回

やり方

コートの角4.5m四方のスペースに5人ずつ入る。コーチ役の人にサーブを打ってもらいレセプションする。

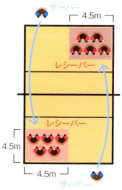

⚠ ポイント　より細かい線をイメージする

これまでは2人だったので、"自分がとる"か"あなたがとる"かの判断でよかったが、より人数を多くすることで今度は"誰がとるのか"ということになる。つまりより正確に線を描く必要がある。そのうえで誰がとるのかをみんなで判断していこう。

誰がとるかを早く判断するドリル

責任範囲を確認する

Menu **040** 重なる練習

» 主にねらう能力

難易度 ★★★★☆
回数 5回

原則例①

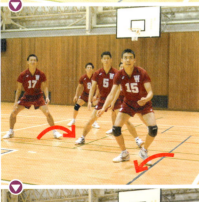

やり方

コートの角4.5m四方のスペースに5人入る。コーチ役の人にサーブを打ってもらいレセプションする。

ポイント

チームの原則を決めておく

声を掛け合うことに加え、このボールは誰がとって、あのボールは誰がとるとチーム内で責任範囲を決めておく必要がある。ただし守備範囲はそれぞれ違うので、これはあくまでも原則。レセプションがうまい人は範囲を広げてもいい。

▼原則例①

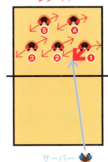

※サーバーが右側から打つ場合

▼原則例②

※サーバーが左側から打つ場合

レセプションを向上させるペアプラクティス ≫

ひじを伸ばしてレセプションする。
ねらい　後ろに下がりながらひじを
スーッと伸ばす。

2人バックステップ

やり方

1. 3人1組になり、2人がコーナー4.5mのスペースに入り、コーチ役の人が相手コートのネット際に立つ。

2. コーチ役はアンダーハンドサーブの要領でネットの下を通して深めのボールを出し、2人が下がりながらレセプションする。

横から

! ポイント

ひじを伸ばす

レセプションはひじをピンと伸ばさないといけない。後ろに下がるとき、手が前から引っ張られるようにして伸ばし、それを2人でボールの位置の確認と同時におこなっていく。

第5章
ディグ

強打レシーブのことをディグと言います。
オーバーハンドパス、アンダーハンドパスで学んだように、
前から来たものを前に返すのが原則ですが、
ディグの場合は自分の後ろにプレイヤーがいないので、
後ろに飛ばさないような練習を中心にしていきましょう。

ディグ理論

後ろに弾かない技術を身につける

ディグ練習で意識してほしいのは、とにかく後ろに弾かないこと。
そのためのドリルを、1つひとつ段階を踏んで練習していこう。

スクワットポジションでコーナーレシーブ

松井先生が練習テーマを簡単解説！

　ディグは多くの場合、アンダーハンドパスを用います。前章のレセプションとは異なり、距離が短いことから瞬間的な動きが必要になります。まずは相手のアタックのコースをしっかりと読む。ボールが飛んで来る位置にポジショニングすることです。そのあとにその位置で床から力をもらうための正しい構えとしてスクワットポジションとハンドポジションを身につけます。
　スクワットポジションに関しては背面の筋肉を使うということで身体を起こす姿勢を取ります。また、ボールを捉える位置は足を広げて構えた足の内側でボールを捉える、ボールのスピードに負けないようにしなければいけません。
　バレーボールは前から来たボールを前に返すという基本原則があるので、肩を回して身体を開き、ボールが後ろにいくようなことがあってはいけません。とくにコーナーレシーブではラインの上に足を置き、ラインの内側でボールをさばくことで、肩が回ってボールが後ろや横にそれることがなくなります。注意してほしいのは、ラインの上でなく、ラインの外に足を踏み出すこと。これは肩が開くのでやってはいけないプレイです。

スクワットポジション＆ハンドポジション
～床から力をもらうための正しい構え～

ポイント
背中の筋肉を使う

基本となるスクワットポジションは背筋を伸ばし、胸を張り、身体を起こし、最終的に床から力をもらうイメージで。ディグ（強打レシーブ）は、ボールを後ろに弾かないことが重要なので、背中の筋肉を使ってしっかりとした構えを身につける。

▶ スクワットポジション

Point! 背筋を伸ばす

ここに注意！
≫ 背中を丸めない

前傾姿勢で背中が丸まってしまうと背中の筋肉や体幹を使うことができない。

▶ ハンドポジション

ポイント
ネットからの距離で手の構えを変える

ブロックもディグもディフェンスの1つ。スクワットポジションは同じだが、手の位置が変わってくる。ブロックはネットに近いので手は高い位置にくる。ネットから少し離れれば、手を中間に置き、高いボールも低いボールもとれるようにする。ネットから離れたポジションでは上に来るボールはワンタッチやアウトボールなので、手の位置を下げて構える。

足と肩の間でレシーブする

身体に近いところでボールを捉える

Menu 041 ワンハンド・コーナーレシーブ

主にねらう能力

難易度 ★★★★★
回数 左右各10回

Point! ラインの内側でボールをとる

やり方

1. 2人1組になり、レシーバーがコーナーに立ち、エンドライン、サイドラインに足を乗せて構える。
2. コーチ役は4.5m離れたところから、レシーバーがノーステップでとれる位置にボールを（左右に）投げる。
3. レシーバーはライン上を意識しながら、ワンハンドでレシーブする。

! ポイント

ラインの内側でボールをさばく

ライン上に置いた足幅のなかでボールをとるようにする。ラインの外に足を出したり、手を出したりしないように、扇状の範囲内を意識する。

? なぜ必要?

》 肩を固定させる

レシーブで大事なのはボールに対して、自分の額と両肩で作る三角形の面を正対させること。ボールを後ろに弾いてしまうときは、だいたいこの三角形の面が違う方向に向いている。つまり肩が開いているということなので、肩を固定し、身体の外に腕を出さないように気をつける。はじめからこの練習を両手で組むと腕を振ってしまう（＝肩を開いてしまう）人が多いので、あえて片手からおこなう。

足と肩の間でレシーブする

ボールを捉える際に身体の外側にステップしない

ねらい

Menu **042** ワンハンド・コーナーレシーブ・2ステップ

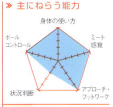

» 主にねらう能力

難易度 ★★★★☆
回数 左右各10回

右方向 / 左方向

ライン上に足を出す

ボールをとったあと、ライン上をステップする

やり方

1. 2人1組になり、レシーバーがコーナーに立ち、エンドライン、サイドラインに足を乗せて構える。
2. コーチ役は4.5m離れたところから、レシーバーが1歩出してとれる位置にボールを（左右に）投げる。
3. レシーバーはライン上に1歩踏み出し、ワンハンドでレシーブする。
4. レシーブしたあと、後ろ足を引きつけ、もう1歩前に足を踏み出す。

ポイント

ラインの上を歩く

ワンハンド・コーナーレシーブとポイントは同じ。ラインの外側に身体がいかないようにする。扇形の中でとることを意識させるための補助ステップ（2ステップ）なので、きちんとライン上を歩くようにする。

ここに注意！

身体の外でボールをとっている

▲足をラインの外に踏み出すと、肩が開いて身体の外でボールをとることになり、ボールを弾いてしまう

足と肩の間でレシーブする

両手を使って身体に近いところでボールを捉える

ねらい

Menu 043 ツーハンズ・コーナーレシーブ

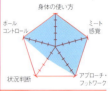

» 主にねらう能力

難易度 ★★★★☆
回数 各10回

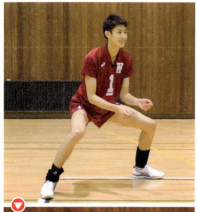

やり方

1. 2人1組になり、レシーバーがコーナーに立ち、エンドライン、サイドラインに足を乗せて構える。
2. コーチ役は4.5m離れたところから、レシーバーがノーステップでとれる位置に片手スパイクを打つ。
3. レシーバーはライン上に足を乗せたまま両手でレシーブする。

ポイント 肩は回さない

ワンハンド・コーナーレシーブでの「肩を回さない」という感覚を残したまま、両手でレシーブする。さらに足の位置を意識した上でボールを捉える。手の位置は構えた扇状のなか。

ワンポイントアドバイス

» つねに扇のイメージで練習する

通常の対人レシーブでも扇のイメージを忘れずにやる。レシーブにおいて、この感覚を忘れないことが一番大事。コーナーレシーブは上級者でもよくやる基本の練習だ。

Extra

実際に近いディグでSTEP UP！

フォームが固まってきたら、コーチ役が台上などから実際に近いスパイクを打つ。これまでやってきたイメージを忘れずに！

ディグのドリル

足下のボールを上げる

Menu **044** ステージレシーブ・アンダーハンド

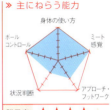

主にねらう能力

難易度 ★★★★☆
回数 10回

やり方

1. 2人1組になり、レシーバーが台上（学校のステージなど）で構える。
2. コーチ役は4.5m離れたところから、レシーバーのひざの間くらいにスパイクを打つ。
3. レシーバーはボールの下に潜り込みながらレシーブする。

⚠ ポイント 目線を下げる

上からボールを見ている選手は足下のボールが上がらない。目線を下げてやることによって、足下のボールもとれるようになる。とくにひざが曲がらないような背の大きい選手は足下のボールが苦手だが、このような練習をしていけば潜り込みがうまくなる。

球出しの技術も重要！

▲ステージのギリギリをねらって足のつま先目がけて打つ。難しい場合は投げてもOK。

Extra
ステージレシーブ・オーバーハンド

同じステージレシーブだが、今度はオーバーハンドでレシーブする。低いボール、高いボールに反応できるように両方練習する。

ディグを後ろに弾かない

肩を開かないようにする

Menu 045 壁つきステップ

» 主にねらう能力

難易度 ★★★★

回数 各10回

1 ノーステップ

2 1ステップ

※反対側も同様におこなう

イチ！

3 2ステップ

※反対側も同様におこなう

イチ！ ニ！

やり方

1. 2人1組になり、レシーバーが壁に肩をつけて構える。
2. コーチ役は4.5m離れたところから、レシーバーの正面（or 左右）を目がけてボールを投げる。
3. レシーバーは壁に肩をつけたままノーステップ、あるいはステップしてレシーブする。

ポイント

両肩をしっかり壁につける

とくにリベロには必要な練習で、ディグを後ろに弾かないためのドリル。肩を開くと、自分のひじが壁に当たってしまうので、間違いに気づきやすい。壁に両肩をつけて自分の前でとることを徹底する。ステップを横にしても壁から肩が離れないようにする。

ディグを後ろに弾かない
離れたボールを とりに行く

ねらい

Menu 046　2ステップ＋クロスオーバー

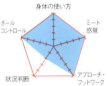

» 主にねらう能力

難易度 ★★★★☆
回数　左右各10回

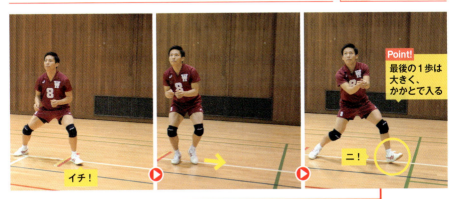

イチ！

二！

Point!
最後の1歩は大きく、かかとで入る

Point!
両肩と額の三角形は、ボールを送りたい方向に向ける

やり方

2人1組になり、4.5m離れて向き合う。パートナーに3m以上離れたところからボールを投げてもらい、ステップを入れてレシーブする。

！ポイント

最後の1歩は大きく、かかとで入る

2ステップでもとれないときはさらに足をクロスさせて、かかとから入る。かかとから入ることで、ボールを捉えたあとクルッと方向転換でき、次の動作に移りやすくなる。

？なぜ必要？

» **ワンタッチボールに最適**

距離が離れたボールでもなるべく肩を回さないようにできるフットワーク。ワンタッチボールなどによく使われる技術なので、練習しておこう。

ダイビングレシーブ習得ドリル

両腕で自分の体重を支える

Menu 047 体重支え

主にねらう能力

難易度 ★★☆☆☆
回数 5回

やり方

立てひざの状態から、床に向かってゆっくり身体を前に倒しながら、両手で身体を支える。

❗ ポイント

恐怖心を取り除く

ダイビングレシーブができない人はまずは怖さを取り除くことからはじめる。そして、自分の体重を自分で支える感覚を身につける。両手を先に出して、ケガをしないように気をつけよう。

手を先に出す

顔やあごをぶつけないように！

👆 ワンポイントアドバイス

≫ 怖い人はエアマットで！

床に倒れるのが怖い場合は、エアマットの上などでやってみる。そこで感覚を掴んでから床の上でやる。

ダイビングレシーブ習得ドリル

自分の身体が滑る感覚を覚える

Menu 048 肩滑り（ボールなし）

» 主にねらう能力

難易度 ★★★★☆
回数 左右各5回

肩から滑る

やり方

低い体勢で構え、身体を前傾していく。左足を1歩前に出し、倒れそうになったら左肩から滑っていく。※反対側も同様におこなう。

! ポイント

目線を下げれば怖くない

この練習はダイビングレシーブをさせるためのものだが、目線が高いと怖い。レシーブなのでひざを曲げて低い姿勢で構える。つねに目線を一定にしておけば、怖くない。

ワンポイントアドバイス

» 肩からスーッ！

倒れるときに肩からスーッと入るイメージで。それでも怖くてできない場合は、もっと低い姿勢、あるいは立てひざの状態からやっても良い。

ダイビングレシーブ習得ドリル
低いボールをレシーブする

Menu 049 片手肩滑り（ボールあり）

» 主にねらう能力

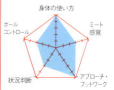

難易度 ★★★★★
回数 左右各5回

低い姿勢

練習者拡大

ボールの下に入る

上げてから肩から滑る

やり方
２人１組となり、レシーバーとコーチ役にわかれる。３m離れたところからコーチ役がひざの下くらいのボールを出し、レシーバーが肩から入ってレシーブする。※反対側も同様におこなう。

！ポイント
フライングは受け身
受け身ができると、ケガをしないので安心感に繋がり、プレーの幅も広がる。ボールに飛び込んでいくのではなく、ボールを上げたあとに滑るという、受け身の感覚を覚える。

✕ ここに注意！
» レシーブのあとに滑る
きわどいボールをフライングをしながら上げる方法もあるが、基本的にはNG。あくまでもフライングはレシーブした結果、ケガをしないための受け身として考える。

ダイビングレシーブ習得ドリル

フライングのフォーム作り

ねらい

Menu 050 両手フライング（ボールなし）

> 主にねらう能力

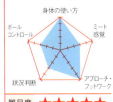

難易度 ★★★★★
回数 5回

低い姿勢

Point!
後ろ足で床を蹴る
ボールを上げる

上げてから飛び込む

両手で身体を支える

やり方

レシーブの構えから片足を前に出し、体重を前にかける。倒れそうになったら後ろ足で床を蹴って前に飛び込む。
※左右両方できるようにする。

！ポイント

床面ギリギリのボールを想定

そもそもダイビング系のレシーブは床面ギリギリのボールに使用するもの。腰の位置くらいのボールに跳び込むことはない。あくまでも床面ギリギリの低い位置のボールをとったあとに、滑るという流れを身体に染みこませる。

？なぜ必要？

》受け身ができれば範囲が広がる

Menu047の体重支えと同じように跳び込むのが怖い人はエアマットの上でもOK。あるいは立てひざから倒れることからはじめよう。フライングはケガをしないための受け身なので、男女問わず覚えておくべき技術。床面近くのボールをとりに行っても、受け身ができれば安心してボールを追えるので、とれる範囲も広がる。

75

ダイビングレシーブ習得ドリル

動きながら低いボールをレシーブする

Menu 051 2ステップフライング

» 主にねらう能力

難易度 ★★★★★
回数 左右各5回

やり方

1. 2人1組になり、レシーバーとコーチ役にわかれる。コーチは2mくらい離れたところに立ち、レシーバーは構えた状態から右斜め前に2ステップする。
2. コーチ役がレシーバーの右前あたりに低いボールを投げ、それをレシーブしてからフライングする。
3. すぐに立ち上がり、今度は左斜め前に2ステップする（コーチ役もレシーバの動きに合わせて後ろに下がる）。
4. 同じようにコーチ役がレシーバーの左前あたりに低いボールを投げ、それをレシーブしてからフライングする。

※ 1～4 の動作を繰り返す。

イチ！

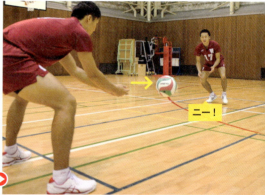
ニー！

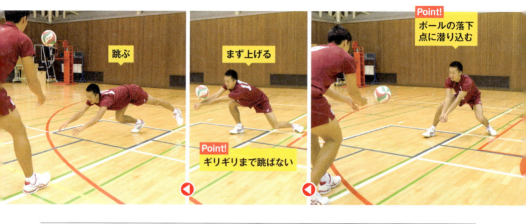
跳ぶ

まず上げる
Point! ギリギリまで跳ばない

Point! ボールの落下点に潜り込む

! ポイント
球出しが重要

ボールを投げる人がフライングしやすいところに正確に投げる。ひざより低い位置からボールを放り投げず、そのままボールをポロンと落とすような感じで出す。

ワンポイントアドバイス
≫ トレーニングとして用いる

ダイビングレシーブ習得ドリルのまとめ的なメニューだが、実は腕、肩、大胸筋などのトレーニングにもなっている。自分の身体をしっかり支えるために、この練習をやっていくと筋肉トレーニングにもなるので、フライングレシーブは全員やるべき。とくに高校生プレイヤーにはいい自体重トレーニングとなる。

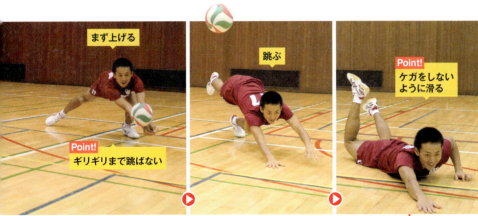

まず上げる
Point! ギリギリまで跳ばない
跳ぶ
Point! ケガをしないように滑る

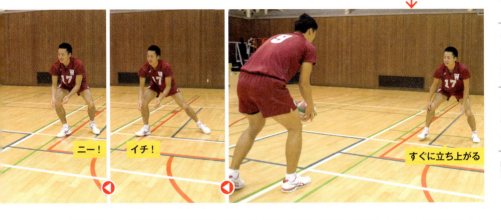

ニー！
イチ！
すぐに立ち上がる

サポーターを上手に使おう

シューズとサポーターを利用する感覚を身につける

ねらい

Menu **052** 足の甲からスライディング

主にねらう能力

難易度 ★☆☆☆☆
回数 左右各5回

Point!
サポーターを滑らせ、ひざを使って立ち上がる

やり方

レシーブの構えから前にボールが来たと仮定し、左足を大きく出して右ひざを床につく。右ひざをサポーターで滑らせながら立ち上がる。※反対側も同様におこなう。

ポイント　足の甲で滑る

ボールの下に入るとき、身体を小さく折り曲げなければならない。足の甲を床につけることで足首分低くなれる。

なぜ必要？

≫ サポーター使用は1つの技術

より低い姿勢を取ろうとすると床にひざを打ってしまうことがある。打撲を防ぐためにもサポーターを使用する。なおかつサポーターはある程度、滑るようにできているので、ボールの下に入るときにサポーターを滑らせて、潜り込むというのは1つの技術。海外プレイヤーはよくやっているプレイだ。

ここに注意！

◀足首が固い人はとくに注意。日頃から足首のストレッチを心がけよう

サポーターを上手に使おう

サポーターを利用してボールを上げる

ねらい

Menu 053 スライディング起き上がり

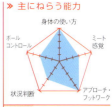

» 主にねらう能力

難易度	★★★★☆
回数	左右各5回

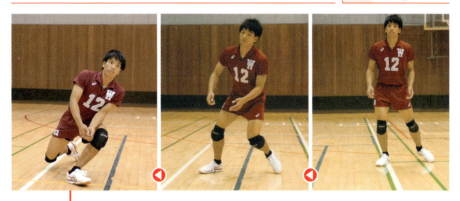

やり方

レシーブの構えから右足を横に出し、ボールの下に入ると仮定し右ひざを床につく。ひざのサポーターを起点に身体の方向を変えて立ち上がる。※反対側も同様におこなう。

! ポイント

サポーターで方向転換

ボールの下に入りながら、かつ方向を変える。ボールを違う方向に出したいときに使える技術で、セッターには必要。

Extra

簡単なボールからはじめる

サポーターを使うコツをつかむまで繰り返し練習したあと、簡単な球出しから実際に使ってみよう。回数をこなすことで自分のものになる。

ディグを向上させるペアプラクティス >>

素早く前に出て、素早く戻り、違う種類のボールを受ける。足を前後に動かす。

ねらい

前後のフェイント＆ディグ

やり方

1. 3人1組になり、レシーバー、コーチ役2人にわかれる。
2. コーチ役とレシーバーは4.5m離れて向き合い、コーチ役の1人が山なりのフェイントボールを中間地点に投げ、レシーバーが走ってきてレシーブする。
3. レシーバーはすぐにスタート地点に戻り、もう1人のコーチが打ってくるスパイクをレシーブする。

※これを繰り返す。

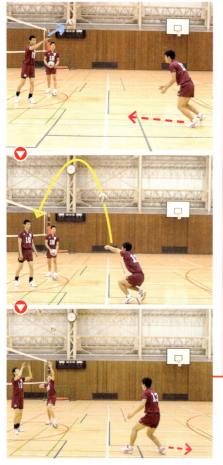
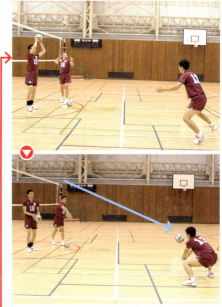
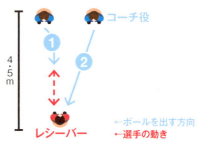

←ボールを出す方向
←選手の動き

第 6 章

サーブ

サーブはボールを投げるという動作が基本です。
身体を「前後に倒す」「横に倒す」「左右に回転する」という3つの軸を
いかに使うかがカギとなります。ここでは身体の使い方から
ミートスキルまでを段階を踏まえて練習します。
より強いサーブが打てるよう、練習あるのみです。

サーブ理論

投げる動作、ボールヒットの仕方で サーブが変わる

サーブは個人技なので、自分なりのサーブを見つけることが大事。
オリジナルのルーティンワークを見いだし、
どんなときでも同じサーブが打てるようになろう。

自分で思ったところに打てるようにする

松井先生が 練習テーマを簡単解説！

　サーブはバレーボールのなかで唯一、1人で簡潔する技術です。サーブには多くの種類がありますが、いずれのサーブにおいても身体の使い方が重要になります。サーブはスピードを求めるものと、ターゲットをねらったり、避けたりするコントロールサーブにわかれます。両方とも正しい身体の使い方を身につけることにより実現可能な技術です。

　この章ではフローターサーブを例に説明をしていきますが、まずは正しくボールを投げるという技術を身につけます。そして、前述した3つの軸を意識した練習から入り、次にトスを正確に上げ、手のひらの固い部分で打つ感覚を覚えます。最後に打つ瞬間に身体に力を入れ、身体を固くします。そのあとに相手の正面に打たないようなコントロールを身につけるため、正しいフォームを習得する練習に入ります。

　サーブは構え→トスアップ→テイクバック→体重移動→インパクト→フォロースルーの一連の流れをすべて自分で完結するものなので、オリジナルなルーティンワークを用いたり、呼吸を吐いたりして、自分のリズムで打つことが重要です。

いいサーブを打つための**5つの基本**
～身体の使い方～ ＜フローター編＞

❗ ポイント①
上体を起こし胸を張る

Menu020 ボールトラップで練習したように、身体を起こし、胸を張ることで床から力をもらう。打つとき、打ち終わりのときに片方の肩が極端に下がってしまわないようにする。

❗ ポイント④
スイングストップ

フォロースルーで腕を振りきるのではなく、インパクトのあとピタッと止める。せっかく掌底で打っていたとしても、スイングしてしまうと回転がかかってしまう。

❗ ポイント②
両足のかかとを上げる

身体の後ろの筋肉を使う。かかとを上げながら打つのではなく、先にかかとを上げてから打つ。上から打ち下ろすようなイメージを持つと良い。

❗ ポイント⑤
腹筋、背筋、体幹に力を入れる

打つ瞬間に意識してほしいのが腹筋、背筋、体幹の3つの個所。腹筋＆背筋を伸ばし、体幹に力を入れる。一瞬にして身体を固める感じで打つ。逆に身体がゆるむとサーブに力が入らない。

❗ ポイント③
掌底でヒットする

手のひらの硬い部分＝掌底でボールの中心を叩く。うまくヒットできない場合は極端に手首を反らして固い部分をむき出して打ってみる。手のひら全体に触れないことで無回転ボールを打つことができる。

掌底

❌ ここに注意！

力が抜ける

◀ 打ち終わりに身体の力が抜けるとボールに力を伝えることができない

83

身体の使い方を身につけよう

投げる動作を身につける①

Menu 054 かかと上げスロー

≫ 主にねらう能力

難易度	★★
回数	10回

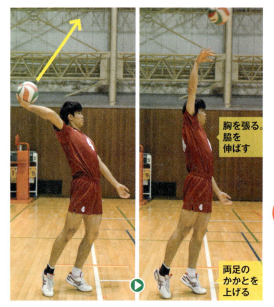

胸を張る。
脇を伸ばす

両足のかかとを上げる

やり方
エンドラインに立ち、両足のかかとをしっかり上げて、ボールを投げる。

ポイント

後ろの筋肉を意識する

背中、太ももの後ろの筋肉を使って投げる。さらにかかとを上げると胸が自然と張れるので身体を起こした状態となり、ボールに力を伝えることができる。

ここに注意!
かかとが上がっていない

▶両方のかかとをしっかり上げないと後ろの筋肉が使えない

Menu 055 腰バット

難易度	★★
回数	10回

Point!
腰の回転でパワーを生み出す

やり方
2人1組になり、1人が腰にフォームローラー（あるいは野球のバット）を当てて持つ。1.5m離れたところからパートナーにボールを投げてもらい、腰を回転させながらボールを打つ。

参照ページ
P014
「3つの軸を活用する」をチェック

身体の使い方を身につけよう

投げる動作を身につける②

Menu 056 一本足スロー

》主にねらう能力

難易度 ★★
回数 10回

やり方
エンドラインに立ち、片手でボールを持つ。後ろ足に体重を乗せて肩を下げる。重心を前に移動させながら前足を踏み込み、ボールを投げる。

ポイント
倒し・起こしの軸を使う
身体を前傾させないで、倒し・起こしの軸を意識して投げる。この動きがサーブやスパイクに繋がる。

参照ページ
P15 Menu004

一本足スローに入る前に「3つの軸を使ったスローイング」をおさらいしよう。反り・戻しの動きを使った「ツーハンズ・スローイング」も取り入れる。

Menu 057 ギャラリースロー

難易度 ★★
回数 10回

やり方
エンドラインで、ボールを片手に持つ。大きく振りかぶり、できるだけ遠くに投げる。

ポイント
大きな円弧を描く
大きいスイングで大きい弧を描く。スイングが大きいとサーブがネットにかからなくなる。

サーブを向上させる
安定したトス&ヒットの仕方を見直す
ねらい

Menu 058　トスアップ

» 主にねらう能力

難易度 ★★★★
回数 20回

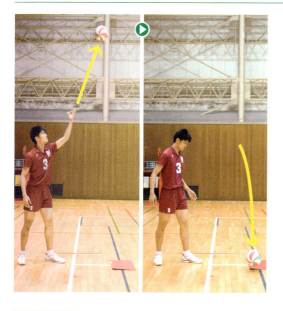

やり方
サービスエリアに立ち、A3サイズのファイル（新聞紙など目安になるものであればOK）などを置く。サーブの構えからトスを上げ、ボールをファイルの上に落とす。

ポイント
目標を決めて練習する
サーブは自分で投げて自分で打つので、トスを一定のところに上げる必要がある。何もないところにトスを上げるよりも目標物を置いたほうが意識できる。サーブ入らないときなどは、こういった練習に立ち返る。

◀ A3サイズのところにトスを落とせるようになったら、さらに目標地点を小さくしてやってみよう。最終的にはA4サイズくらいのところに毎回ボールが落ちるようにする。

Menu 059　掌底インパクト

難易度 ★★★
回数 10回

やり方
サーブの構えからトスを上げ、掌底で打つ。

ポイント
押し出すイメージ
ボールの中心を手の硬いところで押し出すイメージで打つ。指を使うとボールに引っかかってしまい、ボールに回転がかかる。スピードが出ないだけでなく変化もしない。

サーブを向上させる

身体を回転させてボールを捉える

ねらい

Menu 060 片ひざサーブ

» 主にねらう能力

難易度 ★★★★
回数 10回

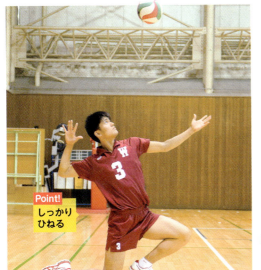

Point!
しっかりひねる

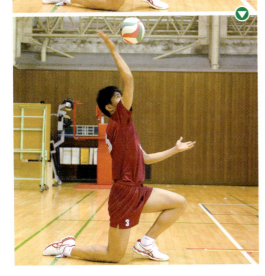

やり方

サービスエリアで片ひざをついて構える。上半身をひねった状態でトスを上げて、サーブを打つ。

！ ポイント

腰の回転を使う

腰の回転を意識させるために下半身を固定。最初からおへそを飛来方向に向けるのではなく、まずはしっかり上体をひねり、そこから身体を回転させて打つ。基本的な身体の使い方なので、くり返しおこなって欲しい。

？ なぜ必要？

» 打球スピードを上げる

速いボールを投げるのと同じで、スピードを出すにはひねりが大事。自分が持っている力を身体をひねることで、伝える。それによって重たいサーブにも速いサーブにもなる。

ここに注意！ 上体をひねっていない

▲正しい身体の使い方をしていれば、しっかり胸番号が見えるが、身体をひねっていないので、番号が少し見づらい

サーブを向上させる

打つ瞬間に体幹に力を入れる

ねらい

Menu 061 体幹サーブ

» 主にねらう能力

難易度 ★★★
回数 10回

やり方

サービスエリアに立ち、フローターサーブを打つ。ヒットの瞬間、身体を固める。

! ポイント 身体を固める

ヒットの瞬間に腹筋、背筋に力を入れて動きを止める（身体を固める）。スイングする手も一緒に止めることで無回転サーブ（変化球）を打つことができる。固めるイメージがつかみづらい人はお尻にグッと力を入れる。

? なぜ必要?

» サーブを手だけで打つ人が多い

ウエイトリフティングは重いウエイトを持ち挙げるときに一瞬で多くの筋肉を使っているから持ち挙がるのであって、腕だけの力では同じ重さのものは持ち挙がらない。サーブを打つときも同じで、自分が鍛えた筋肉を一瞬で多く使えると、威力が変わってくる。学生を見ていると、サーブを手の力だけで打っている人が多い。もちろんそれでもサーブは入るが、もっと体重が乗ったサーブを打つためには、体幹サーブを練習する必要がある。

サーブを向上させる

できるだけ遠くに打つ

Menu 062 ギャラリーサーブ

» 主にねらう能力

難易度 ★★★★
回数 10回

やり方

サービスエリアに立ち、フォームを意識しながら全力でフローターサーブを打つ。

⚠ ポイント

円弧を大きくする

自分の体重をしっかり乗せてサーブを打つためのまとめのドリル。腕の力だけではなくて、まずはしっかりとかかとを上げて、胸を張り、体重をしっかり乗せる。スイングを大きく、円弧を最大限に描いて打つ。

上体ひねり

掌底

かかと上げ

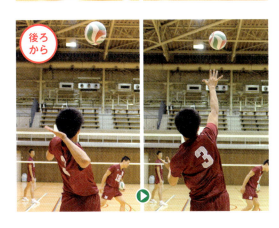
後ろから

サーブ力アップドリル

身体を起こして力を伝える

Menu 063 トラップ身体起こし

> 主にねらう能力

難易度 ★★
回数 10回

やり方

サーブの構えで立ち、トスを上げて胸でボールをトラップして落とす。

ポイント 胸を開く、身体を起こす

再三述べてきたが、ウエイトリフティングの選手だろうがバスケットボールのスリーポイントシュートだろうが、身体を起こすことによって背中の筋肉、太ももの裏の筋肉などを使っている。バレーボールにおいては効果的なサーブを打つことができる。

 なぜ必要？

» フォームの修正に役立つ

サーブを打つときに身体が前に倒れてしまう、打ち終わりに後ろ足が上がってしまう、背中が丸くなってひざが上がってしまうような人は、フォームの修正のためにやったほうがいいメニュー。

 ここに注意！

» 動きのなかで自然に当てる

胸に当てることに意識がいきすぎて、動きがわざとらしくならないように。サーブを打つ流れのなかで自然とできるようにする。

サーブ力アップドリル

「ねらい」を具体的に イメージさせる

Menu **064** ゴムマーカーサーブ

≫ 主にねらう能力

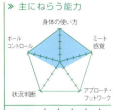

難易度 ★★★★★
回数 10回

やり方

1. 3人1組になり、パートナー2人がゴムの端をそれぞれ持ってコートの両サイドにわかれる。
2. サーバー側のパートナーはサーバーの後ろに立ち、レシーバー側のコートのパートナーはサーバーがねらうコースの延長線上に立つ。
3. サーバーはゴムのラインを意識しながらサーブを打つ。

⚠ ポイント

点ではなく線で結びつける

サーブ練習の際に、よくターゲットを置いてそこを目がけて打つ光景を見かけるが、ボールをコントロールするためにはターゲットに到達するまでの軌道を知ることも大事。あえてゴムを這わせることで、ボールの軌道を目に見えるようにする。果たしてゴムで示された通りに打てるか？ 当然、最短距離（直線に近い放物線）が一番速いので、まずは線通りに打ってみよう。点は意識できても線で結べていない場合が多い。

 Extra

ゴムを3個所にする

目標を1個所だけでなく3個所にして、サーブを打ってみる。3個所全部、同じような軌道が描けるか？

身体で覚えるサーブドリル

連続で打って身体に染みこませる

ねらい

Menu 065 連続無意識サーブ

主にねらう能力

難易度 ★★★★
回数 5本×3セット

やり方

2人1組になり、1人がサーブを打ち、パートナーがボールを渡す。5本連続で（自分の）サーブを打つ。

! ポイント

自分がいいフォームだと思うものをやる

脳で考えるのではなく、無意識にいつも同じサーブが打てるように自分の神経回路を作る。まずは自分がいいフォームだと思っているスタイルでやり、もしサーブが入らない場合は、どこかに間違いがあるので修正する。無意識に打っても5本全部が入るように精度を高める。

ワンポイントアドバイス

» **サーブ練習は4段階でSTEP UP**

身体の使い方をマスターしたあとはどんどん打ってみる。まずは「入れる」ことからスタートして、次にコースを「ねらう」。さらに相手チームを「崩す」サーブにレベルアップさせ、最終的には「決める」サーブで、ポイントを取れる選手を目指そう。

身体で覚えるサーブドリル

試合に近い状況を作る

Menu 066 連続ストレスサーブ

≫ 主にねらう能力

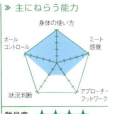

難易度 ★★★★
回　数　5本×3セット

やり方

2人1組になり、1人がサーブを打ち、パートナーがボールを渡す。腕立て伏せを5回したあとサーブを打つ。これを5本連続でおこなう。

! ポイント

状況に左右されないサーブを目指す

サーブの合間に腕立て伏せをして疲れた状況（試合中のラリー）を作る。サーブにしても他の技術にしても、自分が一番いい状態で打つことはほとんどないので、身体が疲労状態であってもつねに自分のサーブを打てるようにする。

Extra

ストレス方法のバリエーションを増やす

今回は腕立て伏せを紹介したが、筋肉トレーニング系のストレスのかけ方であれば、シャフトや腹筋に置き換えられる。呼吸器系のストレスをかけたい場合は、サーブを打ったあとアタックライン（6m）まで走っていき、エンドラインまでの間を2往復するなどの方法もある。もっと実戦に近づけるなら1ラリーを想定し、サーブを打ってすぐに自分のポジションに入る。1本レシーブ（ディグでもフェイントでもOK）をして、またサーブに戻るような方法がある。

連続写真で見る
各種サーブ

≫ジャンプフローターサーブ（体幹系）

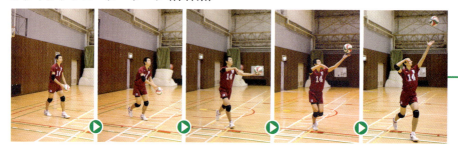

≫ジャンプサーブ（体幹系）

≫フローターサーブ（体幹系）

7段階の動作を正確におこなおう

一般的なサーブの流れ

> 1 構え ⇨ 2 呼吸(息を吐く) ⇨ 3 トスアップ ⇨ 4 テイクバック ⇨
> 5 体重移動 ⇨ 6 インパクト ⇨ 7 フォロースルー

この流れを1つひとつ正確におこなうようにしてサーブ力アップを目指そう！

回転で打つサーブ

》オーバーハンドサーブ

》サイドハンドサーブ

サーブを向上させるために必要な考え方

サーブはまず入れることが第一条件。この章ではそのための基礎をやってきたが、それだけではダメ。レベルアップを目指すなら、ねらったコースに打てなければならないし、ねらえるようになったらレセプションの苦手な選手にサーブを集めるような技術（崩す）も必要。さらにサービスエースが取れるような力強いサーブが打てれば、なお良い。サーブにもいろいろな要素があるので、やみくもに本数を打つのではなく、球質や状況を組み合わせて自分が打ちたい場所、どんなねらいで打つのかを明確にして打ち分けできるようになろう。

サーブの組み合わせ方法　～フローター系サーブ編～

1. まず球質を選択！
2. 次にスピードを遅くするか、速くするかを決める
3. ボールにどんな回転をかけるかを決める
4. サービスゾーンのどこから打つのか決める

CASE 1 球質	CASE 2 スピード	CASE 3 ボールの回転	CASE 4 打つ位置（左右）	CASE 5 打つ位置（前後）
コースをねらう（コントロールサーブ）	遅い	無回転	ライト方向から	エンドラインから3mくらいの間
スピード重視（パワーサーブ）	速い	バックスピン	中央から	エンドラインから3〜6mの間
		トップスピン	レフト方向から	エンドラインから6〜9mの間
		横回転		

アドバイス
ねらう場所を明確にする

相手のコートを9分割して、図のように番号を決める。どこをねらうのか、自分で意識しながら打つ。上級者は数字のエリアをさらに細かく4分割（アルファベット表記）して、練習しよう。

1	6	5
9	8	7
2	3	4

第7章
アタック

アタックには「正しくジャンプする」「タイミングを合わせる」
という2つのポイントがあります。難しい技術なので、
段階を踏みながら覚えていきましょう。
同時にフェイントの技術を磨くことも重要です。
どんなボールにも対応でき、得点できるような選手を目指しましょう。

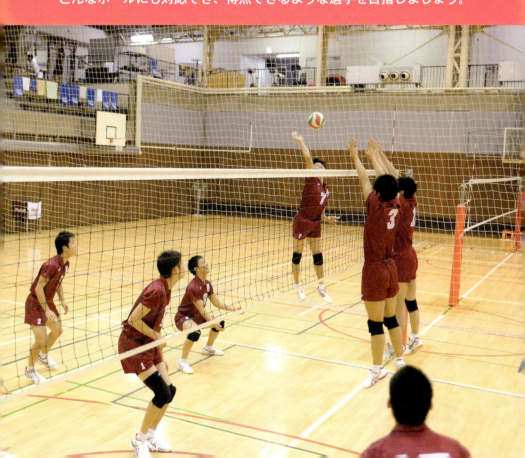

スパイク理論

攻撃力を磨いて試合に勝つ

勝つためにはスパイクだけでなく
フェイントといった多彩な攻撃を織り交ぜていく必要がある。
そのためにはまずは基本から覚えていく。

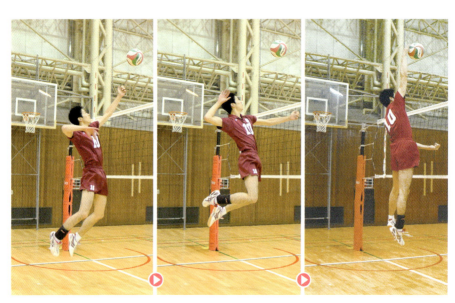

総得点の約60%はアタックである

松井先生が練習テーマを簡単解説！

　アタックは、レシーブ、トスを経て3本目の技術です。バレーボールにおける総得点のアタックによる得点は約60%をしめます（15～17点）。つまり、バレーボールにおいてアタックの重要性がそのことからもわかると思います。アタックは大きく2つにわけられます。1つ目は強いボールを打つスパイク、2つ目は柔らかいボールを打つフェイントです。スパイク、フェイントはいずれもしっかりと踏み込み、正しくジャンプをすることが重要です。やはりここでも身体を起こし、床から力をもらうということがポイントとなります。そのために、かかと歩きやかかとステップ、あるいはボールがない状態でステップをし、真上にジャンプすることを身につけます。最終的にはボールを用いて、ボールに向かって正しくジャンプをし、空中姿勢を保ち、高いところでボールを捉えることができるようになりましょう。また、アタックには多くの場合、ブロックがつくことから、ブロックをかわしたり、ブロックを利用したりして攻撃する、いわゆるボールコントロール力が重要になります。

正しいアタックジャンプを身につける

しっかり踏み込むことを意識づける

Menu **067** かかと歩き&かかとステップ

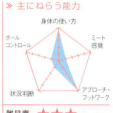

≫ 主にねらう能力

| 難易度 | ★★★ |
| 回数 | 5回 |

やり方

つま先を上げ、かかとをついて歩き、そのままかかとからステップで入る。

▼左利きの人は反対の足から入る

イチ！　ニー！　タッ！（右足）　ターン！（左足）

! ポイント

かかとをつくためにひざを上げる

バレーボールのブレーキはかかとでかけるのが基本。ブレーキをかけるため、かかとを意識しておこなう。ひざを高く上げることで、かかとからつきやすくなる。

? なぜ必要?

≫ ジャンプが前に流れないようにする

かかとで踏み込めないとジャンプしたときに身体が前に流れてしまう。そうすると力強いスパイクを打てないどころか、タッチネットやパッシングといった反則を取られたり、相手ブロッカーの足の上に乗ってしまいケガをしたりする場合も。きちんとジャンプするためにこのドリルをしっかりおこなって、かかとで踏み込む意識づけをしよう。

✗ ここに注意！

歩幅が狭い
ひざが高く上がっていない場合が多い。しっかりかかとをついていないので、床から力をもらえない。

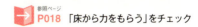

参照ページ **P018** 「床から力をもらう」をチェック

正しいアタックジャンプを身につける

真上にジャンプする

Menu **068** スロー踏み込みボールなし 2ステップ

> 主にねらう能力

難易度 ★★★★
回数 5回

やり方

アタックラインくらいに左足で立ち、右足から大きく踏み込み、いったん止まる。そこからスイングをして真上に跳ぶ。※左利きは反対の足でおこなう。

いったん止まる

! ポイント
踏み込みとジャンプをわける

スパイクに近い形のステップとなるが、かかとから入ったことを確認してから、スイング動作を使って上に跳ぶ。踏み込みとジャンプをわけているのは、しっかりブレーキをかけられているか、しっかり床から力をもらってジャンプできているかを確認するため。

❌ ここに注意!
≫ 前に流れる

踏み込みとジャンプをわけているのに、前に流れるのは正しくジャンプできていない証拠。つま先で入っていたり、あるいはスイングに問題があったりするので、改めてかかとから入ることを意識する。

正しいアタックジャンプを身につける
目標を意識してジャンプする

ねらい

Menu **069** スロー踏み込み跳び箱
2ステップ

» 主にねらう能力

難易度 ★★★★
回数 5回

やり方

2人1組になり、アタッカーはアタックラインくらいに左足で立つ。パートナーは跳び箱、あるいは台上に乗り、ボールをネット上にセットする。アタッカーは「ボールなし2ステップ」の要領で踏み込み、いったん止まり、スパイクで軽く叩く。※左利きは反対。

! ポイント

ネット、ボール、自分の身体の位置関係を覚える

正しいジャンプというのは、しっかりかかとから踏み込んだのを確認した上でジャンプ動作に入り、ボールに近づいていくということ。意識してほしいのは正しくボールのところでジャンプができているかどうか。ネットがあって、ボールがあって、自分の身体がある、という位置関係を身につける。

▲利き腕の肩の前でヒットするイメージ

正しいアタックジャンプを身につける

実際に近いボールを打つ

Menu **070** スロー踏み込み
2ステップスパイク

主にねらう能力

難易度 ★★★★
回数 10回

片足をアタックラインにひっかける

かかとから入る

真上にジャンプ

やり方

2人1組になり、アタッカーはアタックラインくらいに左足で立つ。「スロー踏み込み跳び箱2ステップ」の要領で踏み込み、いったん止まり、コーチ役が上げたトスをスパイクする。
※左利きは反対。

ポイント

自分のタイミングで踏み込む

このドリルの目標はきちんと踏み込んで、正しくジャンプすることなので、まずは"自分のタイミング"で踏み込む。トスを上げる人があなたのタイミングに合わせてくれるので、踏み込みとジャンプをしっかり意識する。

ワンポイントアドバイス

》 最初はコーチに
　トスアップしてもらう

コーチ役の技術も必要。スパイカーのジャンプのタイミングを見計らって、ネット上1mくらいにトスアップする。最初はコーチに上げてもらったほうがいいが、いずれは選手同士でできるように。打ちやすいトスはどんなものかが理解できる。

正しいアタックジャンプを身につける

実際に近いステップで
イメージを作る

ねらい

Menu **071** 3ステップジャンプ

» 主にねらう能力

難易度 ★★★
回　数 10回

やり方

アタックラインより半歩後ろに立ち、左足を踏み出し、体重を乗せる。
そのあと、2ステップで踏み込み真上にジャンプする。※左利きは反対。

イーチ！
タメを作る

ニー！
かかとから入る

サン！
垂直に跳ぶ

！ポイント

しっかりタメて
かかとから入る

3ステップになると勢いがついてくるので、さらにかかとでしっかりとブレーキングができるように。1歩目で"タメ"を作ると、かかとから入る準備ができる。

？なぜ必要？

» **より実戦に近いスパイクへ**

これまでの2ステップは主にクイックで使うようなステップ。ジャンプに特化したドリルといえる。実際には、ジャブを入れての3ステップが一般的なので、3ステップジャンプ（ボールなし）までを正しくできるようにする。感覚をつかんだあとはスパイクを連続で2〜3本打ち、無意識にステップができるようにトレーニングしていく。

助走の歩幅＆タイミングをつかむ

高いところでボールを捉える

ねらい

Menu **072** 足つきネット前スパイク

主にねらう能力

難易度 ★★★★
回数 10回

脇を伸ばす

かかとを上げる

一番高いところで打つ

やり方

2人1組になり、1人がネットから1.5mのところに立つ。パートナーにトスを上げてもらい、跳び上がらずに伸び上がって打つ。※左利きの人は反対。

！ポイント

一番高い位置を意識する

自分の一番高いところで打つ練習なので、脇を伸ばしてひじが上にいくような打ち方をする。ヒットの瞬間、ひじが前に来ないようにする。ネットにひっかからないように意識することで、自然と高い位置で捉えることができる。ボールはアウトになってもOK。

📣 上級者向けアドバイス

» スパイクがネットにかかるとき、このメニューで修正する

小手先だけでボールを打とうとすると、円弧が小さくなるのでスパイクがネットにかかりやすい。つまり、自分の中の一番高いところで打っていないということ。このメニューでフォームをチェックし、打点の位置を修正しよう。Vプレミアリーグの堺ブレイザーズ石島雄介選手もこのメニューを取り入れている。

助走の歩幅&タイミングをつかむ

自分でリズムをつかんでジャンプする①

Menu 073 その場2ステップスパイク

» 主にねらう能力

難易度 ★
回数 10回

やり方

2人1組になり、1人がネットから1.5mのところに立つ。パートナーにトスを上げてもらい、その場でかかとから踏み込み、スパイクを打つ。※左利きの人は反対。

! ポイント

ジャンプのタイミングを見る

動作をゆっくり意識してやり、実際にトスを上げてもらう。助走がないので、タイミングを取ることに集中できる。自分でタイミングを計り、しっかり床を踏んで脇を伸ばし、高いところで打とう。

ワンポイントアドバイス

» スロー踏み込み
　2ステップ
　スパイクとの違い

スロー踏み込み2ステップスパイクは、床を踏むこと、床から力をもらって正しくジャンプすることを目的としていたが、その場2ステップスパイクはタイミングをつかむためのドリルとしておこなっている。

助走の歩幅&タイミングをつかむ

自分でリズムをつかんでジャンプする②

Menu **074** その場ノーステップスパイク

≫ 主にねらう能力

難易度 ★★★★
回数 10回

しっかりひざを曲げる

真上にジャンプ

できるだけ高いところでスイング

やり方
2人1組になり、1人がネットから1.5mのところに立つ。パートナーにトスを上げてもらい、踏み込みなしでジャンプしてスパイクを打つ。

！ポイント
スイングを意識し、できるだけ高く

マーカーからボール1個分くらいの高さのトスでタイミングを合わせていく。このドリルではステップを踏まないので、高さが出にくい。その分しっかりひざを曲げて真上にジャンプする必要がある。さらに、できるだけ高いところでスイングすることを意識する。

？なぜ必要？
≫ ダイレクトスパイクにも使える

タイミングを取るためのドリルだが、ダイレクトスパイクのようなタイミングの取りづらいボールにも対応できるようになる。

✗ ここに注意！

ひざが十分に曲がっていない

◀ ノーステップでも床から力をもらうのが原則。しっかりひざを曲げてしっかりジャンプ。それプラススイングというイメージで

助走の歩幅&タイミングをつかむ

自分の歩幅を感覚で覚える

Menu 075　4.5m アプローチスパイク

» 主にねらう能力

難易度	★★★★
回数	10回

ブレーキをかける

やり方

2人1組になり、1人がネットから4.5mのところに立つ。パートナーにトスを上げてもらい、助走してスパイクを打つ。

⚠ ポイント

アタックラインを左足で踏む

空中には何も計るものがないのでアタックラインを基準にして、自分の踏み込みの幅を覚える。自分の形を持っていない人は、いいトスが上がっても助走が半歩前だったり、踏み切りが小さかったりと不安定。自分の1つの形を持つ必要がある。その基本を作るためにおこなう。

❓ なぜ必要？

» 助走スピードに負けないブレーキ

いいトスが上がっても、前に跳ぶと結果的に自分の身体の後ろや真上にボールがきてしまう。それを防ぐために助走スピードが上がっても、きちんとかかとでブレーキをかけてしっかり上に跳ぶことが大事。

助走の歩幅&タイミングをつかむ

自分のトスでスパイクを打つ

Menu **076** 4.5m セルフスパイク

≫ 主にねらう能力

難易度 ★★★★★
回数 10回

やり方

ネットから4.5m離れたところに立つ。自分でトスを上げて助走してスパイクを打つ。

自分でトスを上げる

アタックラインを踏む

真上にジャンプ

ポイント
ボールを追いかけながらも真上に跳ぶ

段階的にやってきたなかでも難しいドリル。自分の上げたトスに対して、しっかりボールを捉えられる位置に入る。いままでは横から来たボール（トス）を打ってきたが、自分がボールを追いかけるようにして入る状態でも、きちんとかかとから入ってブレーキをかけて、真上に跳べるようにする。

なぜ必要？
≫ ハイボールを打ち込む

自分でトスを上げて打つ動作はジャンプサーブにも似ているが、実はハイボールのような自分の後方から上がってくるトスに対して打ち込む練習にもなる。ボールを追いかけながらも、かかとから入って正しくジャンプし、高い打点で打てるようになろう。

しっかり止まる

アタック向上ドリル

スピードのあるスイングを目指す

ねらい

Menu 077 肩まわしスロー

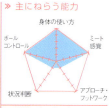

> 主にねらう能力

難易度 ★★★
回数 5回

やり方

ボールを片手に持って前後に足を広げて立つ。ボールを持ったほうの肩を開いて、大きく腕を2回まわして、高い位置から投げる。

参照ページ
P104 Menu072

肩まわしスローに入る前に、104ページのMenu072足つきネット前スパイクをおさらい。身体を起こし、かかとを上げ、脇腹を伸ばして打つ感覚を思い出す。打点を高くするためにはこの練習を欠かさないようにする。

ポイント 自分の最高点を知る

実際にはこういう打ち方はしないが、自分の手を最大限に伸ばした状態でグルグルまわすことで一番高い位置、自分の最高点を理解する。自分が描く円弧を自分で知る。

Menu 078 叩きつけ

難易度 ★★★
回数 10回

Point!
ボールに近づいて低いところでバチーン！と叩きつける

やり方

ボールを片手で持って、足を前後に広げて立つ。利き腕のひじを上げて構えてから低い位置でトスを上げ、ボールを全力で床に打ちつける。

なぜ必要？

≫ スナップのスピードを上げる

ボールを力強く叩く目的でおこなう。13ページの片手スパイクは身体を起こして高いところで叩いたが、これはスナップの練習なので、あえて低いところで打ちスイングの速さを身につける。

アタック向上ドリル

ねらったところに打ちわける

Menu **079** 足つきボールコントロール

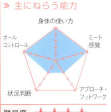

» 主にねらう能力

難易度	★★★★
回数	10回

やり方

3人1組になり、スパイカーの斜め前4.5m離れたところからパートナーが山なりのボールを投げる。スパイカーはそのボールを打ちたい方向（球拾いのいるところ）に打つ。

!ポイント

手首を使ってボールをコントロール

スイングの際にひじが曲がって手首を使えていない人が多いので、打ったあとにあえて指を指すようにする。ねらうのはパートナーのひざとひざの間。そこを人指し指で指すようにすると、手首が自然と折り曲がる。これはフォームのためではなく、コントロールを意識するためにおこなう。

Point! 指は打ちたい方向を指す

ワンポイントアドバイス

» ボールにいっぱい回転をかける

ボールをコントロールするためには、ボールに回転をかける必要がある。スパイカーには必要な技術だが、たとえば身長が低い選手はとくに身につけてほしい。ブロックアウトをねらったり、いろいろな打ち分けができたりするので、それが1つの武器になる。

アタック向上ドリル

ねらったところに打ちわける

Menu **080** エアマット狙い打ち

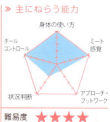

» 主にねらう能力

難易度	★★★★
回数	10回

やり方

相手コートにエアマットを立てかける。スパイカーは自分のコートのネット前1.5mのところに立ち、パートナーが投げてくれた山なりのボールを跳ばずにA、B、C、Dのエリアに打ちわける。

！ポイント

段階を踏んでチェックする

いままでは何も目標物がないなかで打っていたが、実際にネットの上でどこをねらうかという練習。まずは足をついた状態で脇を伸ばして打つことができるかどうか。次にネット上でコントロールができるかどうか。段階を踏んで確認する。

ワンポイントアドバイス

» **まずはねらったところに打てるように**

最初はフルスイングしなくてもいいので、ねらったところに打てるようにする。大事なのはボールをコントロールすること。エアマットねらい打ちは必須のメニュー。簡単なようでなかなかできないので、ぜひ取り入れてほしい。

 Extra

実際のスパイクでもできるようにする

地上での打ちわけができるようになったら、実際のトスを打つ練習もする。

アタックを向上させるペアプラクティス »

ねらい 正しい位置でボールを捉える。そのためにきちんとボールコントロールできるか。これまでのことができているかをチェックする。

直上レシーブ＆ミートスパイク 4.5m

やり方

1. 2人1組になり、ネットを挟んでお互い4.5mの位置で向き合う。
2. ミートをかけてパートナーにスパイクを打つ。
3. パートナーは直上レシーブしたボールをスパイクで打ち返す。

※これを繰り返す。

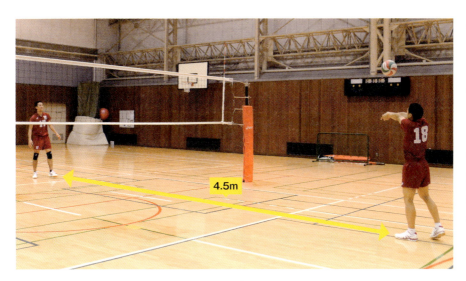

4.5m

↑STEP UP ①
いろいろな方向に直上レシーブを上げる

直上レシーブをあえて真上ではなく、少しずらしても同じように相手のところに打てるようにする。

↑STEP UP ②
距離を伸ばす

4.5mが安定して続くようになったら、ネットからの距離をお互いに6mずつにする。

フェイント理論

ねらったところに落とす技術を習得する

スパイクだけでなくフェイントも有効な攻撃。
自分の落としたいところに落とすには、ボールをコントロールする
必要がある。また相手に読まれないような技術を身につけるのも大事。

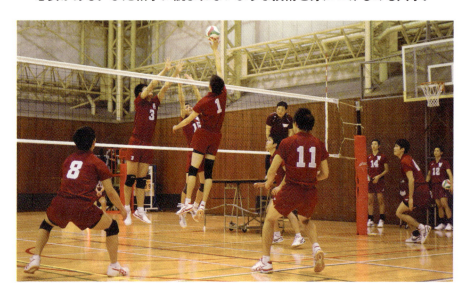

相手を惑わすフェイントを身につけよう

松井先生が練習テーマを簡単解説！

　フェイントはスパイクと同様に有効なアタックの1つです。フェイントは5つの手段があります。1つが打ち方によるものであり、スパイクを打つと見せかけて、柔らかくボールに触れるもの。2つ目がアプローチをブロッカーに読まれないようにフェイントをかけるもの。3つ目は踏み込みを少しブロッカーに対してずらすことによって相手を惑わすもの。4つ目は空中でのモーションにより、身体を少し動かし相手を惑わすもの。最後に空中での目線を打ちたい方向と違うところにすることにより、相手を惑わすものです。このような5つの手段を用いてフェイントをおこなうにあたってまずはフェイントボールをコントロールできなければいけません。フェイントは多くの場合、指の腹を用いて、ボールに触れます。また、フェイントは相手を必ず意識してプレイをしなければいけないので、ネットを挟んで、ブロッカーやレシーバーなどをつねに入れて練習することが有効です。あくまでもフェイントはスパイクが決定している場合に、効果的に使えるものであるので、まずはスパイクを身につけ、そして、そのあとにフェイントを身につけるといいでしょう。

効果的なフェイントとは？
～5つのパターンを紹介～

フェイントといえばタッチやプッシュなどを思い浮かべる人が多いだろうが、打ち方だけに限らない。相手の裏をかくための動きのこともフェイントと言えるので、どんなバリエーションがあるのか整理しておこう。自由自在に使いこなせれば得点力アップは間違いなし！

パターン① 打ち方

ギリギリまでスパイクを打つと見せかけて、最後の最後で無回転、逆回転、サイドスピン、トップスピンをかけてボールに変化を与える。いつもと同じフォームから繰り出すことができると相手をだますことができる。

パターン② アプローチ

いつも同じようにスパイクアプローチ（助走）に入ると相手に読まれるだけでなく、ブロックのタイミングも合ってきてしまう。まっすぐ入る以外にも、アングル（154ページ）、ループ（155ページ）、スライド（156ページ）、フェイク（157ページ）といった助走を取り入れる。

パターン③ 踏み込み

踏み込みもアプローチと同じで、同じようなタイミング、同じ方向に入ると読まれてしまう。ゆっくり入ってみたり、方向を変えたり、一人時間差のようにタメを作ってジャンプするなど、さまざまな方法で相手を惑わす。

パターン④ 空中でのモーション

踏み込んだあと空中で身体を左右に傾けて、その方向に打つように見せたり、反って強打を打つとみせかけたりする。

パターン⑤ 空中での目線

人間は打ちたい方向を自然と見てしまうもの。その方向をねらっているようにみせかけて、まったく違う方向に落とすことで相手レシーバーを翻弄することができる。

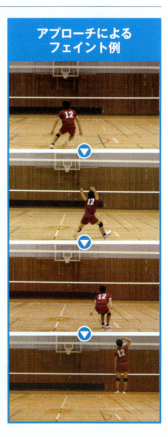

アプローチによるフェイント例

フェイントボールをコントロールする
5本の指の中にボールを入れる

Menu **081** ワンハンドパス

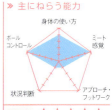
» 主にねらう能力

難易度	★★★★★
回数	左右各10回

やり方

2人1組になり、4.5mくらい離れて向き合い、片手のオーバーハンドパスをおこなう。※左右両方おこなう。

! ポイント
指の腹を使う

指の第1関節、第2関節の感覚を身につける。指の腹をうまく使ってワンハンドパスをしてみよう。手のひらにボールが当たったり、ボールが前に飛ばずに後ろに飛んだりしないように。利き手でないほうも同じようにできるようにする。

ワンポイントアドバイス

» **一度止めてから出す**

ワンハンドパスがうまくできない人は、一度、ボールをつかんでから出す練習からはじめる（写真）。あるいは、自分で小さい直上トスを上げてポンと打つ。ワンハンドパスだと続かない場合は、1人はワンハンドパス、もう1人はオーバーハンドパスという方法もある。

手元拡大

Point!
ひじを前に出し、手のひらを上に

一度止める

フェイントボールをコントロールする

強弱をつけて いろいろな方向に落とす

ねらい

Menu 082 フェイントミニゲーム

» 主にねらう能力

難易度 ★★★★★
回　数 3点先取

やり方

ネット挟んで小さくスペースを区切り（縦3m×横6m）、2対2にわかれる。攻撃はフェイントのみのゲームをおこなう。

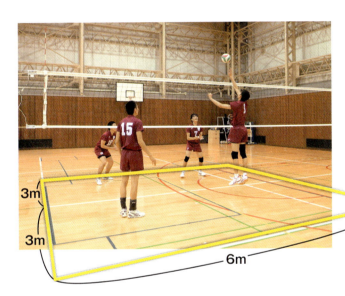

! ポイント

相手に読まれないフェイント

いわゆるゲーム練習だが、相手にとられないように指先だけを使ってボールをコントロールできるかどうかが大事。フェイントは読まれたら意味がないので、自分で工夫してオリジナルのものを作る。素直すぎる攻撃ではなく、ズル賢さも必要。

 Extra

コートのバリエーション

コートの区切り方を変えればフェイントゲームにバリエーションが生まれる。さまざまな条件を組み合わせてボールコントロールを磨こう。①パターンの場合は、より狭いところに落とすため正確性が求められる。また②パターンの場合は、1対1で1本でやる。距離を飛ばす必要が出てくるのでねらいも変わってくる。

①縦3m×横9m

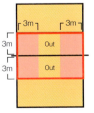

※中央の（3m×3m）はアウト

②縦6m×横3m

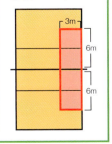

フェイントボールをコントロールする

ネット上の判断を養う

Menu 083 リバウンド&タッチアウト

> 主にねらう能力

難易度	★★★★★
回数	10回

リバウンドをもらう

フォローする

ボールをブロックに当てて外に出す

やり方

1. 3人1組になり、アタッカー、ブロッカー、セッターにわかれる。
2. アタッカーとブロッカーがネットを挟み、セッターのトスをアタッカーがフェイントでブロックにぶつける。
3. アタッカーはリバウンドをもらい自分でカバー。これを何回か繰り返したあと、タッチアウトがねらえそうなボールのときに外に出す。

※レフト側、ライト側両方おこなう。

ポイント

攻撃の強弱をつける

ブロックを抜くだけでなく、ブロックを利用して得点する技術を身につける。最初からタッチアウトをねらうのではなく、まずは攻撃のチャンスをもらう（リバウンド）。ディフェンスはコートの中にいるので、誰もいないコートの外を目がけてブロックに当ててボールを出す（タッチアウト）。これもボールコントロールの1つで、指の腹、手のひら全体を使って、攻撃の強弱をつける。

上級者向けアドバイス

>> ネット際を制する!

ネット際のボール処理は非常に難しい。「ネット際を制するものはゲームを制する」と言われるくらい、バレーボールはネット型のスポーツ。つまり細かいテクニックを持っている必要があるということ。ボールと相手のブロックを見て利用するという技術は、上級者を目指すなら必須。

フェイントボールをコントロールする

相手の動き、距離、コートの幅を考える

ねらい

Menu 084 1対1のミニゲーム

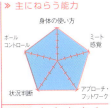

» 主にねらう能力

難易度 ★★★★★
回 数 3点先取

やり方

ネットを挟んで小さくスペースを区切り（縦3m×横3m）、1対1にわかれる。パスのみで1本で返球するというルールでゲームをおこなう。

⚠ ポイント　素早い状況判断

このドリルのねらいは、一瞬で相手の状況を判断して攻め込むことにある。まず相手から来るボールに対して、自分の対応方法を瞬時に決める。指先を使ったり、オーバーハンドパス、アンダーハンドパスを使ったりして、状況判断をしなければならない。なおかつ得点しなければならないので、ボールコントロールの技術が必要となる。

❌ ここに注意！

» ボールと相手を見ないとダメ

相手を見てプレイを選択できるかどうか。ボールだけじゃなくて対相手を見て、一瞬でプレイを選択しなければいけない。

📢 上級者向けアドバイス

» 遊び感覚でウォーミングアップ

上級者は遊び感覚でやってみよう。遊びのなかでも、大事な要素がたくさん隠れている。

フェイントを向上させるポイント

フェイントドリルではゲーム形式の練習を中心に紹介したが、フェイントは相手の動きを読んで、だます技術が必要となる。つまり実戦に近い形でおこなうのが上達への近道だ。ミニゲームなどを積極的に取り入れて、115ページで紹介したようなあらゆるフェイントを仕掛けてみよう。それ以外にも相手チームのセッターやエースをねらうことで、攻撃のリズムを崩すことができる。使うタイミングから相手との駆け引きまで、フェイントは奥が深いプレイなのだ。

効果的なフェイントとは？

① 自分のスパイクが決まっているとき
　（あるいはエクセレントセッティングのとき）
② フェイントボールを相手セッター、相手エースにとらせる
③ 相手コートの穴を見つけて（あるいは相手選手の動きを見て）落とす

相手エースにとらせると、開くのが遅れるため、セッターは他にトスをまわさざるを得ない

第 8 章
ブロック

ブロックは上級者でも非常に難しい技術です。
ここで紹介するドリルは基本の動作確認なので、
これだけでうまくなるわけではありません。
身体の使い方、ジャンプの仕方、手の出し方などの
基礎ができていないと、次のステップには進めません。

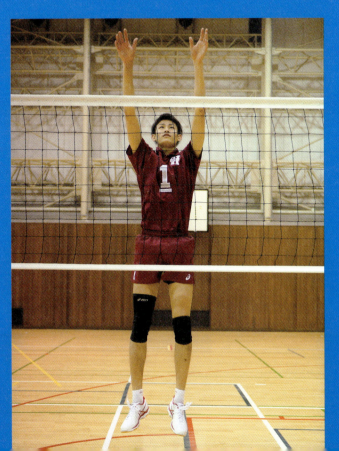

ブロック理論

毎日のブロック練習が必要不可欠

ブロックはバレーボールにおいて難しい技術の1つ。
だからこそ、基本が大事になってくる。
ブロック力を磨いて、他のチームに差をつけよう。

ネット上のディフェンス!

松井先生が練習テーマを簡単解説!

　ブロックはバレーボール技術のなかでもレセプションと並んで、難しい技術の1つです。どんなに優れたプレイヤーでもすべてのアタックをブロックすることはできません。過去のV・プレミアリーグのブロック賞の受賞者の得点は1セットあたり2点以下になっています。このことからもわかるように難しい技術であるため、基本的な動作を身につけることが大事です。そして、毎日、練習しなければ身につかない技術なのです。

　ブロックはアタックに対するファーストディフェンスであり、レシーブのフロアディフェンスの前に出現するネット上のネットディフェンスです。つまりフロアディフェンスは多くの場合、アンダーハンドパスを用いることから、アンダーハンドパスとハンドポジションが違うだけで、基本的には同じ考えとなっています。従って、ここでも「身体を起こす」ことが重要です。ブロックはアタッカーに対して正しい位置に移動し、真上にジャンプをしなければいけないことから、前述のしっかり止まる、そして床から力をもらうということをおこないます。ジャンプでの空中姿勢では背中を意識して、とくに肩甲骨を持ち上げ、長い時間相手コートに手を出し続けることが重要です。

基本的なブロックの構え
～スクワットポジションから覚えよう～

ブロックがうまくなるには、正しくジャンプする必要がある。そのためにはまずは構えが大事。

ブロックのドリルに入る前に正しい構えの作り方を紹介する。

1 自分の前にシャフトを置き、スクワットポジションから両手で持つ。

2 シャフトをひざの前まで持ち挙げたら、誰かにシャフトを受け取ってもらう。

3 そのまま両手を上げるとブロックの構えとなる。

参照ページ P10「身体を起こす」をチェック

10ページで紹介したように身体を起こすことで、床から力をもらうことができる。そこから正しいジャンプに繋がるので、もう一度、読み返しておこう。

正しいブロックジャンプを身につける
跳んだあと同じ場所に着地する

Menu 085 その場ブロックジャンプ

≫ 主にねらう能力

難易度 ★★★
回数 10回

やり方
ネット前にブロックの構えで立ち、そこからブロックジャンプする。

前から / ひざを曲げる / 真上にジャンプ

横から / スクワットポジションで構える

! ポイント
まっすぐ跳んでまっすぐ降りる

スクワットポジションで構えて、床から力をもらい、まっすぐ跳んで元の位置に着地することを第一に考える。ここができないと次のステップには進めない。

? なぜ必要？
≫ **その場着地で次の動作へ**

なぜジャンプしたその場に戻る必要があるのかといえば、次の動作があるから。着地が前後左右に乱れる人は、次の動作に移るまえに余計な修正動作が入り、その分初動が遅れる。また着地が乱れるということは、空中で身体がゆるみ、筋力で抑えられず身体が流れているということ。タッチネットにも繋がるので注意する。つねに跳んだ位置に戻ることを意識しよう。

正しいブロックジャンプを身につける

左右に動いても同じ構えを作る①

Menu 086 サイドステップブロックジャンプ

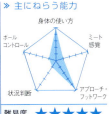

» 主にねらう能力

難易度 ★★★★★
回数 左右各10回

やり方

ネット前にブロックの構えで立ち、ブロックジャンプする。着地したらサイドステップで横に移動し、構えからブロックジャンプ。これを左右交互に繰り返す。

真上にジャンプ → サイドステップ → その場に着地 → 逆方向にサイドステップ

! ポイント

フットワーク重視でおこなう

横に移動したとしてもきちんとブレーキをかけて真上に跳ぶ必要がある。これは左右両方できないとダメ。まず重視してほしいのは、左右のフットワークが正確にできること。フットワークのあと、正しく止まって正しくジャンプするという流れを覚える。スピードは徐々に速くしていけばOK。

ワンポイントアドバイス

» **ブレーキをしっかりかける**

いくら素早く移動できても、サイドステップした進行方向の足に重心が乗ってしまい、身体が流れながら斜めに跳んでしまう人はダメ。これはブレーキをかけていないということなので、しっかり止まることを意識する。重心の軸が身体の中心からズレないように心がける。

正しいブロックジャンプを身につける
左右に動いても同じ構えを作る②

Menu 087 クロスステップブロックジャンプ

≫ 主にねらう能力

難易度 ★★★★★
回数 左右各10回

やり方
ネット前にブロックの構えで立ち、ブロックジャンプする。着地したらクロスステップで横に移動し、構えからブロックジャンプ。これを左右交互に繰り返す。

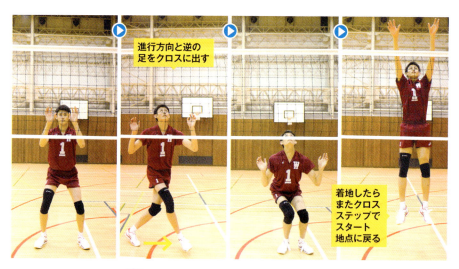

進行方向と逆の足をクロスに出す

着地したらまたクロスステップでスタート地点に戻る

❗ポイント
1歩目をクロスに出す

サイドステップでは届かないような、もう少し距離が長いときに使うステップ。1歩目をクロスに出して移動しても横に流れないこと。重心が身体の外に行かないという基本はサイドステップのときと同じ。

❓なぜ必要？
≫ さらなるスキルアップの基本

ブロックは通常2人、あるいは3人で跳ぶ。横移動するときにサイドステップだと進行方向の後ろの足が残って隣の人がついて行きづらい。その点クロスステップだと、後ろにある足が先にクロスに出されるのでスペースができ、隣の人がついて行きやすい。またクロスステップは3ステップクロスオーバーなどに応用できるので、正しいフットワークをここで覚えておこう。

▲この足があると隣に人がつきづらいが、クロスステップはこの足が先にクロスに出るので、スペースができる

正しいブロックジャンプを身につける

実際に近いステップで
イメージを作る

ねらい

Menu 088 前後移動ジャンプ

» 主にねらう能力

難易度 ★★★★★
回数 10回

やり方

ネットから1.5m離れてブロックの構えで立ち、ネットに向かって走っていき、ブロックジャンプする。

しっかり止まる

! ポイント

タッチネットに注意する

自分たちがディフェンスで下がったあと、すぐに前に出てブロックしないといけないことがたまにある。動きが前後になった場合でもきちんとタッチネットしないようにブレーキをかけてジャンプする。

参照ページ P18、P19、P124

18ページの「床から力をもらう」、19ページの「3mダッシュ&ストップ」をおさらいする。さらに124ページの「その場ブロックジャンプ」も再確認しておく。

? なぜ必要?

» 基本を点検できる

実際の場面では、イージーボールが来るかと思い、1度、ネット から離れたが、ネット際にボールが来て、もう1回叩くといったケースに使う。こういうときにしっかりブレーキをかけられないと、前に流れてタッチネットのミスにも繋がる。左右も同じだが、ブレーキをかけて床からしっかり力をもらって真上にジャンプするという原則を点検できる1つのドリル。

正しい手の出し方を身につける

背中を意識した形作り
（ねらい）

Menu 089 肩甲骨ブロック

» 主にねらう能力

難易度 ★★★
回　数 10回

やり方
ブロックの姿勢で構え、肩甲骨を上に持ち上げながらブロックの形を作る。この動作を繰り返す。

！ポイント

肩甲骨を持ち上げる
ブロックは手でするのではなく、腕と連動している肩甲骨を前にしっかり出すことが大事。イメージとしては肩甲骨を持ち上げる感じでおこなう。

？なぜ必要？

» より高いブロックを目指す
普通に両腕を上げるよりも、肩甲骨を持ち上げることで高さが出てくる。また肩甲骨を持ち上げることによって、後ろの筋肉が硬くなる。人間は背中で身体を動かしているので、つねに背中を意識することが大事。肩甲骨の動かし方がわからないという人は、胸を開いたり、手を上げたり下ろしたりするときに肩甲骨が動いているので、一度、自分で意識してみよう。

正しい手の出し方を身につける
ネットと腕の隙間を作らない

Menu **090** アンブレラ

主にねらう能力

難易度 ★★★★★
回数 10回

やり方
2人1組になり、ネットを挟んでブロッカーとパートナーにわかれる。パートナーは傘をネットの上に差し、ブロッカーは傘に腕を沿わせるようにブロックジャンプして着地する。

? なぜ必要？
≫ 吸い込みを防止する
あおりブロックといって、ボールに対して離れた状態で手を出すと、吸い込みをしてしまう。カバーできても、ボールはほとんどセッターに返らない。吸い込みをなくすということで、ネットと手のひら、腕の間隔を狭くして、ボールをそこに入れないイメージを作る。

! ポイント
傘の曲面に沿わせる
ネットから手を出すときに、傘の曲面に沿って掌底からスーッと前腕の内側をこすりつけて出す。降りるときも間をあけずに傘の曲面に沿って降りることを徹底する。

✕ ここに注意！
≫ 傘の先端を保護する
傘の先端部分が人に刺さらないようにテーピングを丸めてつけるなど、必ず保護した状態でおこなう。くれぐれもケガのないようにする。

📢 上級者向けアドバイス
≫ 掌底を突き出す
上級者は傘を使用するのではなく、掌底を突き出す練習をする。白帯から離れないことが大事で、掌底から角材が出ているイメージを持つように。

正しい手の出し方を身につける

手首を返して
ワンタッチを取る

Menu 091 真後ろワンタッチ

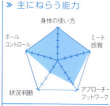

» 主にねらう能力

難易度 ★★★★★
回数 10回

やり方

2人1組になり、ネットを挟んでブロッカーとコーチ役にわかれる。台上のコーチが打つスパイクを掌底を前に出しブロックし、ボールを後ろに飛ばす。

なぜ必要？

» 手首が折れないようにする

手を前に出すとどうしても手首が折れてしまうので、この練習が相当有効となる。早稲田大学バレー部では相当やっているメニュー。面でボールをコントロールすることでもあるので、ボールが違うところにいくのはNG。

ポイント

1つの面にする

ブロックの面を作る練習。意図的にボールを真後ろに運ぶ。両手を1つの面として捉え、しっかり面を作る。

Menu 092 ネット越しキャッチ

難易度 ★★★★★
回数 10回

やり方

2人1組になり、ネットを挟んでブロッカーとコーチ役にわかれる。コーチが投げたボールを相手コートでキャッチして、着地する。

ポイント タッチネットをしない

相手のコートまで手を出して、ボールをつかんでくる。ボールをつかむ動作は、手首を返すことになるので実際には叩くと同じこと。叩いてつかんでくるイメージでおこなう。ボールをキャッチして返ってくるときなどにタッチネットしてしまう人がいる。つかんだあともネットに触らないで、もとの位置に手が戻ってくる練習にもなる。

正しい手の出し方を身につける

最後まで両手を残す

Menu 093 落ち際ブロック

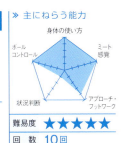

» 主にねらう能力

難易度 ★★★★★
回　数 10回

相手のスパイクを
ジャンプして待つ

やり方

2人1組になり、ネットを挟んでブロッカーとコーチ役にわかれる。台上のコーチが打つスパイクを早めに跳んでブロックする。

ポイント
スパイカーに対して早めに跳ぶ

ブロックは上がりかけの状態で手に当たるとボールをコントロールすることができない。だが、上がりきって、頂点から降りてくるときはちょうど落下の加速度がついているのでバチンと叩くことができる。あえて、スパイカーより早めに跳んで落ちてくる状態を作り、意図的にそこでブロックする。

ポイント　落ち際に手を残す

ブロックは落ち際が有効。なので落ちて来るときに手を引かない。ギリギリまで手を出しておいて、すっと引っ込める。

なぜ必要？
» ブロックの確立を高くする

ネットの向こうにできる限り長い時間手を出していることで、ブロックの確立が高くなる。頂点から落ちてくるところまで、なるべく相手のコートに手を出している意識を持つ。

ブロックを向上させるペアプラクティス ≫

ボールを見ずにスパイカーの動きだけを見て、ブロックの位置を決める。

ねらい

ブロックの位置取り練習

スパイカーの動きを見て動く

やり方

1. 3人1組になり、スパイカー、ブロッカー、球出しにわかれる。
2. 球出しがダイレクトボールをスパイカーに出し、ブロッカーはスパイカーの動きに合わせてブロックする。

ワンポイントアドバイス

≫ **スパイカーを見る**

ブロッカーはボールを見るのではなくスパイカーを見て位置取りを決める。

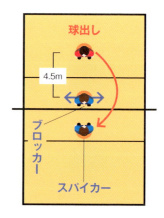

球出し
4.5m
ブロッカー
スパイカー

第9章
セッティング

どんな状況からも同じようなボールが上がると、スパイカーは打ちやすいものです。より正確性が求められる技術なので、セッターの基本的な動きから学んでいきましょう。またセッティングと同様にハイボール（二段トス）の練習も欠かさないようにしましょう。

セッティング理論

セッターの基本ワークを覚える

この章ではセッターに必要と思われるドリルを紹介。
身体の使い方から練習方法までをステップを踏んで習得していく。

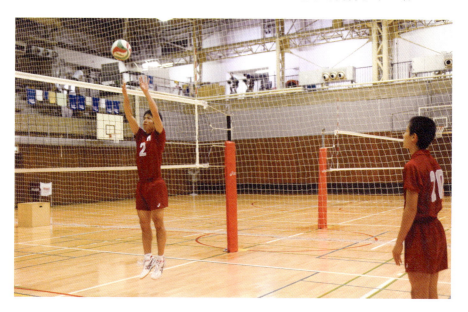

試合の勝敗を左右する重要な技術

松井先生が練習テーマを簡単解説！

　セッティングはレシーブされたボールをアタッカーに繋ぐ中継プレーです。レシーブが良い場合でもセッティングが悪ければ、レシーブは生かされず、また悪いレシーブであっても、セッティングがよければアタッカーは良い状態で打つことができます。

　またどこにセッティングするかによって、スパイカーが打ちやすい状況を演出したり、逆に打ちづらい状況を演出したりというコート上の司令塔であります。従って、ゲームの勝敗を左右する重要な役割です。ですからセッティングはつねに相手ブロッカーを意識しておこなわなければいけません。

　つまり、ネットに対して右側を向いてセッティングする場合が多いので、ブロッカーを視野に入れるために右目トスをおこない、ブロッカーを視野に入れてセッティングすることを習慣づけます。また、多くの場合、ジャンプトスをおこなうことから空中での動作時に背中を使ってセッティングする必要があります。ボールトラップなどの練習で身体を起こすことによって、ジャンプトスの際にブロッカーにどこにトスが上がるかがわからないようにしていきます。

セッターのためのドリルを作る
～あらゆる状況を設定したセッティングの練習をする！～

セッターにはいろいろな方向からいろいろな球質のボールが返ってくる。さらにローテーションによっては、定位置に移動してからセットアップしなければならない。どのようなボールにも対応でき、つねに正確なセッティングができように、下の表を参考にあらゆる状況を組み合わせて練習しよう。

1. まずはCASE1,2,3から、返球についてどの高さ、どのスピード、どの方向からコーチにボールを投げてもらうか決める
2. 次にどこにセッティングするかを決める
3. さらにセッティングのテンポ、エリア、ゾーンを決める
4. 定位置からだけではなく、セットアップのスタート位置を変える

CASE 1	CASE 2	CASE 3	CASE 4
返球の種類	返球スピード	返球方向	送球方向
❶低い	❶遅い	①右から セッター ⑤左から ②右斜め前から ④左斜め前から ③正面から	③左 ④右後ろ ②右前 ①前 セッター ⑤後ろ ②左前 ③左 ④左後ろ
❷適度	❷適度	※セッターから見てパスが来る方向	※セッターがセッティングする方向
❸高い	❷速い		

[1] [2]

CASE 5	CASE 6	CASE 7	CASE 8
セッティングのテンポ	セッティング方向のエリア	セッティング方向のゾーン	セットアップのスタート位置
❶1stテンポ（アタッカーの助走に合わせてトスを出す）	❶レフト	❶フロントゾーン	⑦レフトブロックから セッター ⑥ライトブロックから ④前衛レフトから ①定位置 ③後衛レフトから ②前衛ライトから ⑤ストレートディグから
❷2ndテンポ（トスに合わせてアタッカーが助走する）	❷センター	❷バックゾーン	※▲はセッターのスタート地点。そこから定位置に移動してのトスワーク。
❸3rdテンポ（オープントス）	❸ライト		

[3] [4]

設定例≫ 低くて遅い返球ボールを正面からコーチに投げてもらい、前方向に2ndテンポのセッティングをレフトフロントゾーンに上げる。セッターのスタート位置は定位置とする。

135

セッターの基本の動きを身につける

視野を広げる

Menu 094 右目セッティング

主にねらう能力

難易度 ★★★☆☆
回数 10回

やり方

2人1組になり、コーチ役とセッターにわかれる。コーチが山なりのボールを出し、セッターは右目でボールを追いながらワンハンドのオーバーハンドパスをする。

拡大

ポイント

右目でボールを追い続ける

セッターは右肩がネットに近い体勢で構える。つまりネットに近いほうの目が右目となるので、そちらの目でボールと相手ブロッカーを見る。

ここに注意!

≫ 顔と身体がバラバラ

右目で見ることばかりに集中し、顔は送球（セッティングの）方向を見ているが、身体が正対していないのはNG。本来のセッティングの形を忘れないように。

参照ページ
P036 Menu020

36ページのボールトラップで身体の使い方を再確認。身体を起こしてボールの下に入ること、体幹を使うことをチェックしてからセッター練習に入ろう。

セッターの基本の動きを身につける

力を伝えられる位置でセッティングする

ねらい

Menu 095 どこでもジャンプセッティング

» 主にねらう能力

難易度 ★★★★☆
回数 10回

やり方

2人1組になり、コーチ役とセッターにわかれる。コーチがいろいろなところから山なりのボールを出し、セッターはボールの下に入りジャンプセッティングをする。

ポイント
同じ高さで捉える

ジャンプトスするためにはボールの下に入ることが大事。落下点にしっかり入って、そこで真上に跳んでセッティングする。コーチにいろいろなところから、いろいろな球質のボールを出してもらい一定のリズムでジャンプトスする。

なぜ必要?

» スパイカーとの息が合う

いつもセッターがジャンプセッティングをし、ボールを出すところを一定にしておくとスパイカーは、だいたいどんなセッティングが来るのか推測できる。ネット際だからジャンプセッティングするのではなく、つねに同じ高さからセッティングを出すことで、リズムを一定にすることができる。

いろいろなところに投げる

▲セッターが安定していると、スパイカーもタイミングが取りやすい

セッターの基本の動きを身につける

手の中にボールを入れる

Menu 096 バウンディングセッティング

» 主にねらう能力

難易度 ★★★
回　数 10回

やり方

2人1組になり、コーチ役とセッターにわかれる。コーチが山なりのボールを出し、セッターは軽くジャンプして、着地した瞬間に、セッティングする。

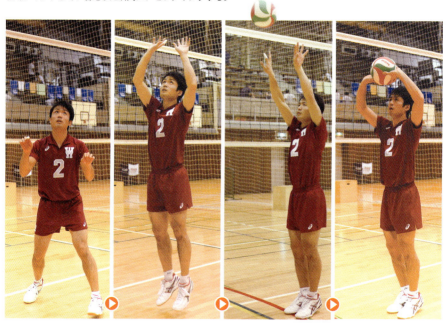

! ポイント

全身でボールを吸収する

30ページのクッションパスと同じ要領。つまり全身の力を抜いて、全身の力でボールを吸収して出すことが大事。柔らかいパスをレベルアップさせたのがセッターなので、セッティングとしての精度を高めていくのに必要。

? なぜ必要?

» 時間差攻撃で使う

実際の場面では、時間差攻撃などに使える技術。あえて手首の中にボールをタメて出す。そのためには早く落下点に入ることが大事。とくに気をつけてほしいのは、上半身と下半身とが一体となるようにすること。そして、しっかりボールを手の中に入れる。

セッターの基本の動きを身につける

ボールを捉える位置を身につける

Menu 097 身体追い越しバックセッティング

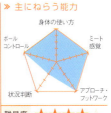

> 主にねらう能力

難易度 ★★★★☆
回数 10回

やり方

2人1組になり、コーチ役とセッターにわかれる。コーチが山なりのボールを出し、セッターがバックセッティングする。

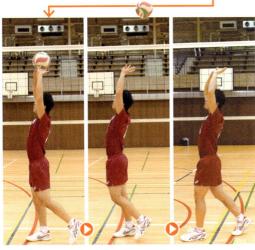

ポイント
自分が前に歩く

バックセッティング（バス）が苦手な人にありがちなのが手で持っていこうとするケース。バックトスは、ボールを頭の上で捉えて前に歩いていくイメージでおこなうと簡単にできる。まずは落下地点に入り、身体がボールを追い越していく。そうするとボールは自然と後ろにいく。

❌ ここに注意！

> ボールを脳天で捕らえていない

ボールを脳天の近くで捉えていないと、腕だけでバックトスを上げることになり不安定に。セッティングは手で上げるものではない。

ハイボール理論

精度の高いハイボールが攻撃回数を増やす

レセプションやディグが乱れても、ハイボールで修正することができる。
セッター以外の選手もこの技術を習得すればチームの攻撃力がアップする。

どの位置からもハイボールを正確に上げられるようにしよう

松井先生が練習テーマを簡単解説！

ハイボールとは、いままで使われていたいわゆる二段トスのことです。ハイボールを用いるときは多くの場合、レシーブが悪くなった状況で攻撃のオプションが1つしかない悪い状況の場合に用いられます。つまり、アタッカーは多くのブロッカーと対峙している場面なので、より正確にハイボールをおこなわなければ、アタッカーは容易にブロックをされてしまいます。

しかしながら、ハイボールを正確に上げられたならばスパイカーの特長を生かし、数多くのブロッカーに対しても積極的に攻撃することが可能になります。ハイボールは多くの場合、オーバーハンドパスを用いておこなうので、オーバーハンドパスをしっかりと身につけ、正確にボールをコントロールできるようにしておきましょう。

またハイボールはコート内ばかりでなく、コートの外でもおこなわれる技術であることから、その状況を意図的に作り出して練習することが重要です。ハイボールで悪いとされるものは、ネットに近づけて上げてしまうことと、サイドラインを越えてコートの外にボールがいってしまうこと。こういったボールは避けなければいけません。

初心者アドバイス

≫ 決めておきたいハイボールの3つルール

ルール① セッティングの高さ&時間を一定にする

スパイカーが打ちやすいように、どこから上げるハイボールでも同じような高さにする。こうすることでスパイカーは準備しやすくなる。またレシーバーとスパイカーの距離の長短によってもトスの質を変える。距離が短いときは高く、距離が長い場合は低めにセッティングすることによって、時間が一定となり、より打ちやすくなる。

ルール② ネットに近づけない

アンテナに当たったり、ネットを越えたりしないようにする。とくにネット際はスパイカーにとっても対応しづらいボール。あまり近すぎるとタッチネットにも繋がる。一般的にネットから1.5m～2mくらいのところに上げると、スパイカーがコースをねらうことができ、打ちやすい。あとはスパイカーの好みも聞いておく。

ルール③ どこに上げるか優先順位を決める

後衛からハイボールを上げるときに、ローテーションによってハイボールを上げる優先順位が変わってくる。「このローテーションのときは、ここに上げる」とあらかじめチーム内で話し合っておくと、1本目が崩れても慌てることなく有効な攻撃をしかけることができる。

なぜ必要?
≫ 攻撃の機会が増える

ディグやレセプションがセッターに返らなかったとき、ハイボールをいかに正確に上げることができるのかが、試合のなかで重要となる。自分ではうまくハイボールを上げられたと思っても、スパイカーが打ち切ることができなければ意味がない。普段からスパイカーとの息が合わせられるよう、チーム内で共通のルールを決めておこう。セッターやリベロだけでなく、みんなが正確なハイボールを上げられるようになれば攻撃回数が増え、得点にも繋がる。

ここに注意!
≫ ライト側へのセッティングされたボールはより慎重に

右利きのスパイカーに対して、ライト側にハイボールを出すときは慎重におこなおう。セッティングされたボールが短いとベストスパイクを打つことができない。逆に左利きのスパイカーに対して、レフト側にハイボールを出すときも同様のことが言える。

ハイボールのペアプラクティス

いろいろな場所から
ハイボールを上げる
(ねらい)

Menu 098 ハイボール２人

やり方

1. ２人１組になり、Ⓐがライト側のエンドラインからコートの中1.5mのところに立ち、Ⓑはアタックラインのあたりに構えて向き合う（２人の距離は4.5m）。
2. Ⓐがスパイクを打ち、Ⓑがディグをする。
3. そのボールをＡがハイボールでレフト方向に出す。

※ライト側も同様におこなう。

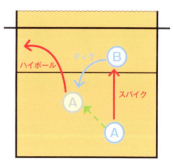

⚠ ポイント

足場を固める

セッターにボールが返らなかったときは他の選手がハイボールでカバーする必要がある。いろいろなところにボールが上がるので、その都度、正しくボールの下に入ることを心がける。そのときにしっかり地面を踏みつけて（足場を固めて）、思ったところにセッティングできるようにする。

ハイボールのペアプラクティス

落下地点に早く入ってハイボールを上げる

Menu **099** ディグ&ハイボール

Point!
ディグを入れて落下点に入りづらい状況を作る

Point!
落下点を早く予想する

Point!
全身を使ってパスする

やり方

1. 3人1組になり、Ⓐレシーバー、Ⓑスパイカー、Ⓒ球出しにわかれる。Ⓐがライト側エンドラインからコートの中2mのところに構え、Bはネット側に立つ（2人の距離は4.5m）。ⒸはⒷのすぐ横でボールを持っておく。
2. Ⓑがスパイクを打ち、Ⓐがディグをする。そのあとすぐにⒸが山なりのボールをコート中央に出す。
3. Ⓐがハイボールでレフト方向に出す。
※ライト側も同様におこなう。

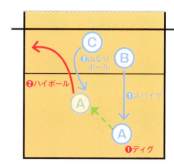

❓ なぜ必要？

» ハイボールが飛ばない人は？

脳天パスに戻る。またボールが手の中に入らない場合は、ソフトキャッチをやったり、ボールトラップ練習が有効となる。

セッティングを向上させるトレーニング
～メディシングボールを使ったドリル～

▶脳天キャッチ

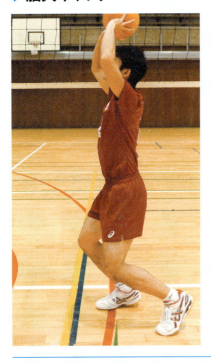

やり方

1. 2人1組になり、セッターの位置に構え、パートナーにメディシングボールを投げてもらう。
2. 脳天でキャッチする。

共通のねらい

下半身&体幹を使ってパスするために身体の中心に近いところでボールを捉える。中心でとらないとボールが重たくて支えられない。

▶体幹スクワットセッティング

Point! キャッチしたらスクワットポジション

やり方

1. 3人1組になり、1人がセッターの位置に構え、パートナーにメディシングボールを投げてもらう。
2. 同じように脳天でキャッチしたあと、身体を一度沈ませてスクワットポジションを取る。そのあとパスを球拾いに出す。

※体幹スクワットはひざに負担がかかるので、ひざが悪い人、成長期の人は回数を少なめに。そして、終わったあとのストレッチを入念にしよう。

第10章
フットワーク

ここではレシーブ、アタック、セッティングの
様々なフットワークを紹介します。
状況に応じたフットワークができると、
次のプレイに集中できるだけでなく、より安定したプレイに繋がります。
そのためにも普段から反復練習をしていくことが大事です。

フットワーク理論

スムーズなフットワークを身につけよう

**フットワークは次の動作を正確におこなうための準備。
フットワークそのものが自然にできるようにする。**

フットワークは正確にプレーを
おこなうための重要な技術

**松井先生が
練習テーマを簡単解説！**

　フットワークとは効率的にプレイをおこなうための足の運び方のことです。上級者になればなるほどボールが自分の前に飛んで来ることは少なくなります。従って自分でボールの近くまで速く、あるいは正確にボールに近づき、ボールが飛んでくる前に移動を完了させる必要があります。1つのプレイをおこなうための重要な準備局面であるので、その技術を発揮するためには準備局面が正確におこなわれていることが重要です。フットワークにはレシーブのためのもの、アタックのためのもの、セッティングのためのもの、といろいろありますが、その場の状況に応じて自身で適切なフットワークを選択し、レシーブなどのプレイを正確におこなうための準備として、しっかり身につけましょう。

使える！効率的な
フットワークをマスターしよう
～シチュエーション別～

ポイント①

参照ページ
P148-153

バレーボールに必要な基本的なステップ

フットワークのパターンはあらゆるものがあるが、流れとしては構えからボールが打たれたのと同時に反応し、1歩を踏み出すことからはじまる。そこからボールのところまで動いて、かかとから止まる。まずは動くことを身体で覚えていく。

ポイント②

参照ページ
P154-157

アタックを決めるためのアプローチ

1種類のアプローチでは、相手ブロッカーやレシーバーにコース、タイミングを読まれてスパイクが決まりづらくなる。はじめは自分が打ちやすいアプローチで良いが、ステップアップを目指すならいろいろなアプローチを覚えよう。バリエーションが豊富だとスパイクが決まりやすくなる。

ポイント③

参照ページ
P158-161

ブロックからアタックに入るときの開き方

アプローチはアタック練習でおこなうが、アタックに入るための開き方は練習不足になりがち。だが、スパイカーは試合中、ブロックに跳び、その後開いてアタックという動作を繰り返している。効率的に開くことで、次のプレイ＝アタックをがしっかり打つことができるのでこの機会にマスターしよう。

ポイント④

参照ページ
P162-165

落下地点に早く入るセッターのステップ

定位置で構えていたとしても、ディグ、レセプション、イージーボールの返球が違うところにそれてしまった場合、セッターは素早く移動し、落下地点に入る必要がある。効率よく落下地点に入ることができれば、体勢的にも時間的にも余裕ができ、安定したセッティングがおこなえる。

基本のステップ

ねらい　正確なフットワークを身につける

Menu 100　ジャブステップ

主にねらう能力
身体の使い方／ミート感覚／アプローチ・フットワーク／状況判断／ボールコントロール

難易度	★☆☆☆☆
回数	5回

やり方

基本のレシーブの構えから1歩前に足を出す。
※反対側も同様におこなう。

ポイント

スッと自然に出す

上からドン！と足をつかない。初動にも繋がるステップなのでスッと自然にスムーズに1歩出すように。

ワンポイントアドバイス

≫ **自分の近くに来たボール**

1歩だけのステップなので、基本は自分のまわりにボールが来たときに使う。一番近いところのボールに対して、1歩出さないといけない時に使う。

Menu 101　シャッフルステップ

難易度	★☆☆☆☆
回数	5回

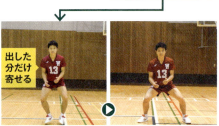

やり方

基本のレシーブの構えから、右（左）に進行方向の足を真横に出す。その後、反対側の左（右）足を進行方向の足に寄せる。

ワンポイントアドバイス

≫ **足は出した分だけ寄せる**

シャッフルステップ（サイドステップ）は出した分だけ寄せる、出した分だけ寄せるという動きが基本。ジャブでいけないところにさらに足を寄せて、身のまわり3mくらいまではシャッフルステップで移動する。

基本のステップ

正確なフットワークを身につける

ねらい

Menu 102 フロント2ステップ

» 主にねらう能力

難易度 ★☆☆☆☆
回数 5回

やり方　基本のレシーブの構えから左足を左前に出し、右足を引き寄せる。再び左足を前に出し、右足を引き寄せる。※反対側も同様におこなう。

斜め前に1歩出す

出した分だけ引き寄せる

❗ ポイント

イージーボールやレセプションに使う

ボールが前に来たときに使う、前方向のシャッフルステップ。要領としてはシャッフルステップと同じで、出した分だけ進むように。フェイントやイージーボール、レセプションに必要な技術。

👆 ワンポイントアドバイス

» **1ステップ目を大きく、あとは距離を調整**

レシーブのシャッフルステップは、1ステップ目が大きく、2ステップ目以降を小さくというのが基本。ボールの方向に大きく1歩出し、最後に小さいステップで調整する。1ステップ目が小さく、慌てて2ステップ目を大きくドン！ドン！と行くとボールに衝突してしまう。

▲最初の1歩をボールが来た方向に大きく出して距離が近づくにつれて小さいステップに

149

基本のステップ

正確なフットワークを身につける

≫ 主にねらう能力

Menu 103 3ステップクロスオーバー

難易度 ★☆☆☆☆
回数 左右各5回

やり方 基本のレシーブの構えから左足をジャブで出し、右足を前クロスさせて、再び左足を横に出す。
※反対側も同様におこなう。

Menu 104 2ステップシャッフル＋ランニング

難易度 ★☆☆☆☆
回数 左右各5回

やり方 基本のレシーブの構えから左へ2ステップのシャッフル。そのまま小走りしていく。
※反対側も同様におこなう。

 なぜ必要？

» ワンタッチボール拾う！

シャッフルステップで間に合わないような、やや遠いところに使うステップ。速いボールで、自分から3mくらい離れたボールや、4.5mくらいの離れたあたりに落ちるワンタッチボールなどのときに使う。

ポイント

クロスステップを大きく出す

遠くにきたボールはクロスステップを大きく出さないといけない。クロスオーバーすることで肩が進行方向に向いてるので最後はボールに正対するように意識する。腕を振らないように肩が正面を向いたままが良い。

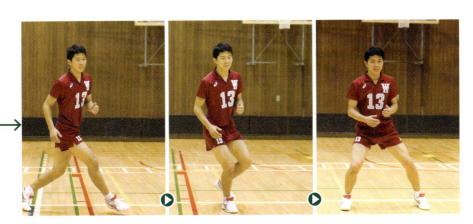

なぜ必要？

» 基本のステップを覚える

2ステップでもクロスオーバーでも間に合わないような、タッチアウトを狙われたボールに関しては最終的にはランニング。途中からランニングステップに変えてボールを追いかける。つまりボールに向かって走って行くので、ボールをさわるときは細心の注意を払わないといけない。よく腕を振ってしまうケースをみかけるので、走って行ったときほどオーバー、アンダーはより基本に忠実に！

Point!
ランニングに切り変える

基本のステップ

正確なフットワークを身につける

Menu **105** バレーボールステップ（反復横跳び）

≫ 主にねらう能力

難易度 ★☆☆☆☆
回数 5回

やり方

基本のレシーブの構えから進行方向となる足（写真は左足）から大きく出し、反復横跳びをおこなう。

❌ ここに注意！

≫ **通常の反復横跳びにならないように**

一般的な反復横跳びはバレーボール的な動きではない。ウォーミングアップなどで反復横跳びをやっているチームがあるが、これはバレーボールステップとは違うので間違えないように。

👆 ワンポイントアドバイス

≫ **進行方向の足から大きくスタート**

これはレシーブステップではないが、バレーボールという競技において大事な動き。一般的な反復横跳びは進行方向とは反対の足から先に出すが、バレーボールステップは進行方向の足から大きく1歩出してスタートする。バレーボールステップをおこなうことによって、ジャブが出やすくなり、よりスムーズに動くことができるようになる。

基本のレシーブステップ

正確なフットワークを身につける

ねらい

Menu 106 ポンポン

> 主にねらう能力

難易度 ★☆☆☆☆
回数 5回

やり方
基本のレシーブの構えから両足同時に前にステップする。

キュッ！　キュッ！

ここでボールの下に入る

 ポイント

体重をつま先に乗せる

つま先に体重を乗せて「キュッ！キュッ！」と音がするような感じで、ボールの下に入るイメージ。両足は揃っていたほうがいい。なぜならどちらかの足が出ていると、懐が狭くなる。足を広げておくことによって、広い範囲でボールをとることができる。

❓ なぜ必要？

> **強打スパイクを上げる**

バレーボールは前から来たボールを前に返すのが基本。つま先とひざをボールの下に入れることでボールの勢い殺せるだけでなく、面が上を向くのでボールが相手コートに返らない。ディグを自分のコート内に上げるための1つの技術といっていい。

▲強打スパイクの下に入ることでボールは真上に上がる

基本のアタックアプローチ

正確なフットワークを身につける

Menu 107 ストレート

> 主にねらう能力

難易度 ★☆☆☆☆
回数 5回

やり方 ネットに対して垂直に入る。

! ポイント

まっすぐ助走に入る

スパイク練習の初期の段階でやるアプローチになる。ウォーミングアップなどに使われ、試合のなかではあまり使われないステップである。

? なぜ必要?

≫ 基本のステップを覚える

相手を想定しない場合はこれでOK。基本的なステップなので、目的別におこなう練習などに関してはストレートでいい。ただし試合では読まれてしまうので注意。

Menu 108 アングル

難易度 ★☆☆☆☆
回数 5回

やり方 レフト方向から右斜め前に切り込んでいく。

! ポイント

ネットに対して斜めに入る

直線のアプローチだが、ネットに対して正面ではなく、角度をつけて斜めに入るのが特長。この角度が甘いとストレートに近くなるので注意する。

? なぜ必要?

≫ クイック、平行トスを打つ

クイックに入る場合に使われるアプローチ。ミドルブロッカーだけでなくレフトのウイングスパイカーであれば、平行トスに対応できる。

基本のアタックアプローチ

正確なフットワークを身につける

ねらい

Menu **109** ループ

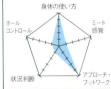

難易度	★☆☆☆☆
回数	5回

やり方

ネットに対して正対し、右回りで円を描きながら（回り込むレフトの場合）。
※ライトの場合は逆回り

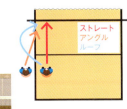

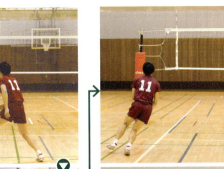

⚠ ポイント

アングルにならないように気をつける

レセプションやディグのあとに、タイミングをとりたいときに使う。アプローチが直線的ではないので、ネットに対してブレーキをかけやすいのもポイント。つまり真上にジャンプしやすいといえる。注意点としては、アングルにならないようにしっかり弧を描いてスムーズにボールの下に入ること。

 なぜ必要？

≫ ブロッカーを見る

アプローチでループを使えば時間的な余裕ができ、ブロッカーを広い視野で見ることができる。

基本のアタックアプローチ

正確なフットワークを身につける

ねらい

Menu 110 スライド

» 主にねらう能力

難易度 ★★★★☆
回数 5回

やり方

ネットに対してまっすぐ入り、ネット付近で素早く右（左）に切り返し、ネットと平行に移動する。

! ポイント

スピードが重要

スライドは最後に片足で踏み切って打つ場合があるのでボールに勢いが出ない。打球が遅くなる分、ブロッカーをかわすためにスピードが命。

» **ブロックをかわす高度なテクニック**

ブロックよりも速いスピードで踏み切り、追いつかれる前に打ってしまう技術。助走スピードも速くなければならないが、片足でジャンプするため、ジャンプしてから打つまでの時間も短い。

» **よりジャンプを正確に!**

片足でジャンプするので、よりジャンプをきちんと跳べるように意識すること。とくに踏み切りを正確におこなう。上級者向きのアプローチだが、初心者の人がやりたい場合は、最初はCクイックの要領で、片足で打ったりすることからはじめる。

基本のアタックアプローチ

正確なフットワークを身につける

ねらい

Menu 111 フェイク

» 主にねらう能力

難易度 ★★★★☆
回数 5回

やり方

ネットに対してまっすぐ入ると見せかけて、途中で切り返し、方向を変えて入る（写真はAクイックに入ると見せかけての、Cクイックの例）。
※左利きの人は逆方向

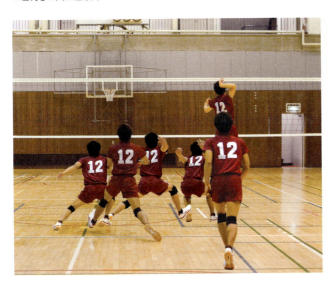

ポイント

フェイント動作を大きく

フェイクというくらいなので、相手ブロッカーをだますことが大事。フェイント動作を大きくしたあと、素早く切り替え踏み切りジャンプの動作に入る。

 なぜ必要？

» **助走フェイントで決定力もアップ**

相手がブロック力のある選手だとか、大きい選手のときには有効なアプローチ。少し踏み切りをずらすことで、攻撃の位置が変わり、相手のブロックを避けることができる。いわゆる助走のフェイントをかける。

 ここに注意！

» **ジャンプが流れないようにする**

フェイントをかけることによって次のジャンプはしづらくなるので、フェイクそのもののジャンプを正確におこなうこと。しっかりブレーキをかけて真上にジャンプするのが基本。

ブロックのあとのアタックアプローチ

正確なフットワークを身につける

Menu 112　斜めバックランニングステップ

» 主にねらう能力

難易度 ★★☆☆☆
回数 5回

やり方　ブロックしたあと、斜め後ろ方向にランニングステップで下がって（開いて）、スパイクの助走に入る。
※ブロック→アタックアプローチ（レフト側／右利き）

ランニングステップで下がる

切り返す

Menu 113　斜めシャッフル2ステップ

難易度 ★★☆☆☆
回数 5回

やり方　ブロックしたあと、斜めに2ステップで下がって（開いて）、スパイクの助走に入る。
※ブロック→アタックアプローチ（レフト側／右利き）

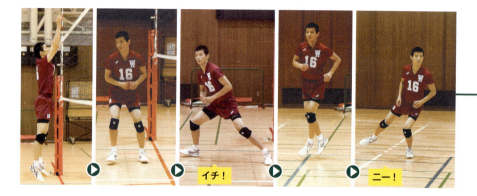

イチ！　　ニー！

ボールの方向にへそを向ける

できるだけ遠くまで開きたいならばこれが良い。この方法が一番速く下がれる。ただし、ボールの方向にへそを向けながら下がること。つまりボールから目をはなしてはダメ。

ウイングスパイカーには必須技術

ブロックをしたあと、ボールが自分のチーム内にある場合、素早く次のアタック準備に入る必要がある。とくにこれはウイングスパイカーとオポジットがよく使うステップなので意識的に練習しよう。

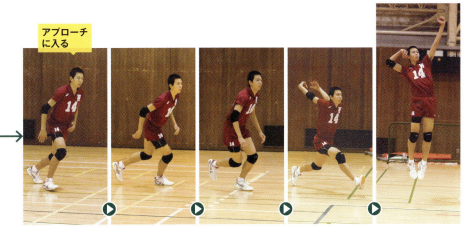

アプローチに入る

速くアタックラインまで下がる

これはミドルブロッカーがよく使うステップ。「イチ、ニー！」とシャッフルステップで速く下がって、速く助走に入るために使う。できるだけ速くアタックラインまで下がるように。ただし、速く入るときにつんのめることがあるので、下がったあと正確にジャンプをおこなうことが大事。

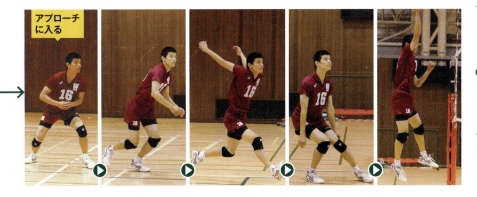

アプローチに入る

ブロックのあとのアタックアプローチ

正確なフットワークを身につける

ねらい

Menu 114 斜めバックランニングステップ＋ループステップ

>> 主にねらう能力

難易度 ★★★☆☆
回数 5回

やり方

ブロックしたあと、斜め後ろ方向にランニングステップで下がり（開いて）、ループステップを使ってスパイクの助走に入る。※ブロック→アタックアプローチ（レフト側／右利き）

Menu 115 斜めバックランニングステップ＋シャッフル2ステップ

難易度 ★★★☆☆
回数 5回

やり方

ブロックしたあと、斜め後ろ方向にランニングステップで下がり（開いて）、シャッフルを2ステップしてからスパイクの助走に入る。※ブロック→アタックアプローチ（レフト側／右利き）

攻撃に移る流れがスムーズに

オフブロッカーのときやブロックのあとそのまま継続して下がるときに使う。これもウイングスパイカーには必要な技術。まっすぐアプローチに入るわけではないので、下がったあとからの攻撃に移る流れがスムーズになる。

直線的に入らない

アプローチがアングルにならないように、しっかりと回り込む。

ポイント　自然の流れで円を描く

ブロックのあと自然に下がり、そのまま円を描くようにアプローチに入る。スパイクのリズム、助走のリズムが取りやすくする。

ポイント
ゆっくり下がって素早く入る

助走開始までの時間があまりないときに、シャッフル2ステップを使うと素早く踏み込みに入ることができる。ゆっくり下がっても、素早く入れるのがメリット。

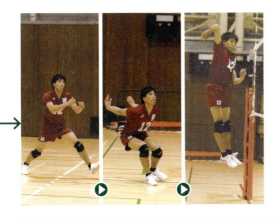

ミドルブロッカーには必須技術

比較的時間に余裕あるときのミドルブロッカーが使う。ワンタッチなどでボールが高く上がったときに、少しゆっくりめに下がる。そして、助走開始までの時間が短いときにシャッフル2ステップで一気に入る。ウイングスパイカーもループまではいかないが、助走の時間に少し余裕がないときにこのステップを使うと良い。

セッターのステップ

ねらい 正確なフットワークを身につける

Menu 116 シャッフルステップ（セッター）

» 主にねらう能力

難易度 ★★☆☆☆
回数 5回

やり方 セッターポジションで構え、シャッフルステップで落下点に入る。

Menu 117 ジャブ＆クロスステップ

難易度 ★★★☆☆
回数 5回

やり方 セッターポジションで構え、ボールの方向にジャブステップを出し、そのあとクロスステップで落下地点に入る。

かかとから入る

!ポイント かかとから入る

セッターの基本の動きなので、必須のステップ。セッターの周辺にボールが来たときに、1歩で動くときに使う。かかとからしっかり入り、床から力をもらってセッティングする。

ここに注意！

≫ つま先から入らない

つま先から入ると、セッティングするときに床から力をもらえず、まっすぐ上にジャンプできない。

!ポイント クロスステップをかかとで入る

返球がネットから離れたときに、シャッフルではなく、ジャブを入れたクロスステップを使うと良い。注意してほしいのは、クロスステップのときにかかとから入るということ。

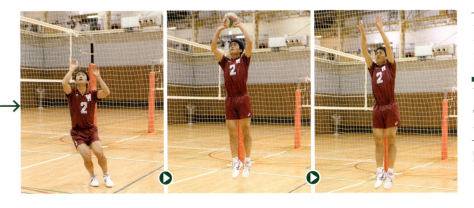

セッターのステップ

正確なフットワークを身につける

Menu 118　シャッフル2ステップ＋クロス

≫ 主にねらう能力

難易度 ★★★★☆
回数　5回

やり方　セッターポジションで構え、2ステップのシャッフルステップのあと、クロスステップで落下地点に入る。

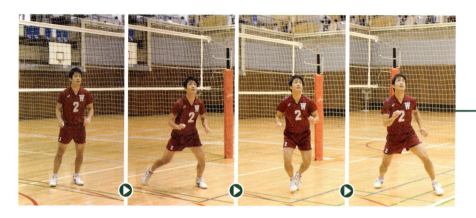

Menu 119　かかとクロスターン

難易度 ★☆☆☆☆
回数　5回

やり方

セッターポジションで構え、ボールの落下地点に右足のかかとから入り、かかとを支点にして身体を方向転換させ、セッティングする。

 ワンポイントアドバイス

≫ かかとターンでもクロスでもOK

短いボール、ネットから少し離れたボールのときはどちらのステップを使ってもいい。セッターによって好みがあるので、どちらがやりやすいかは自分で判断する。いずれにせよ、自分に合った動きを知っておいたほうがいい。

！ポイント
ブロッカーを視野に入れる

ネットからちょっと距離が離れて、ブロッカーを視野に入れてトスを上げるときに使う技術。シャッフルの2ステップのままだと身体が外に向いてしまっているので、最後の1歩をクロスステップで合わせて身体の向きをセッティングしたい方向に向ける。かつブロッカーを視野に入れてセッティングする。

ワンポイントアドバイス
≫ セッターはクロスステップが有効

セッターの場合、シャッフルステップで遠い距離を移動すると、身体の向きと送球方向が違ってくる。そこで最後にクロスステップを入れることによって、ボールを右目で見やすくするだけでなく、送球方向に身体を正対させることができる。セッターの技術として、クロスステップは非常に有効。

！ポイント かかとでターン！

かかとを使って方向転換をする技術。両方の足がベタッと床についていると回らないが、つま先上げてかかとで方向転換することで、セッティングしたい方向に正対する。

フットワークを向上させるポイント

どのようなステップでも落下地点に入れれば同じでは？と思う人もいるかもしれないが、効率よくボールに近づくことができれば、早く準備ができ、プレイが安定する。ここで紹介したフットワークはバレーボールの基本。まずはボールなしで反復練習したあと、そこからどんどんボールを使っていこう。こういった練習を普段からしていないと、いざというときに使えない。フットワークを自分のものにすれば、アタッカーは"対ブロッカー"に集中でき、セッターはセッティングすることに集中できる。あなどることなく、全部のフットワークをマスターしよう！

アドバイス
本数をこなすことが上達への第一歩

アタッカーはいろいろな種類のセッティングをしてもらい、身体が覚えるまで打ち込む。レシーバーはパスドリルでフットワークを意識したり、ミニゲームなどの実戦に近いボールを使ったりしてもOK。タイミングや足の運び方がスムーズにできるように。セッターは135ページの「セッターのためのドリル作成」で紹介した表を使って、あらゆる状況を作り、フットワーク練習をしよう。

第 11 章
指導者＆選手に向けて

これまでバレーボールの基本を重点的に紹介してきましたが、ここから先は習得した技術をさまざまなバリエーションで、いかに正確にできるかが重要となってきます。ドリルの作り方を考えるうえで必要な要素を表でまとめたので、練習の参考にしてください。

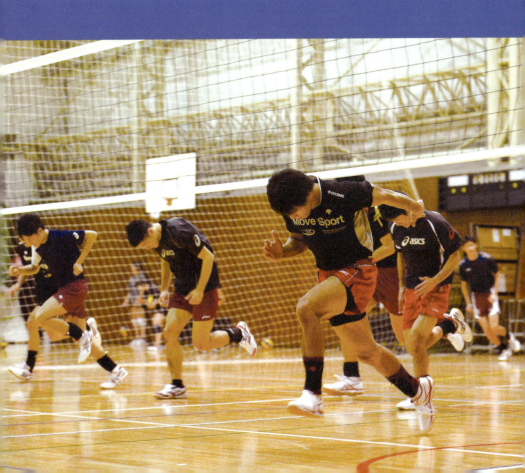

COLUMN

課題をどう解決するかを考える

　課題を解決するためには、技術の段階が次の3つのどれであるかを把握することです。①新しい技術が1度だけ成功した段階である新しい運動を獲得した段階、②獲得した技術が修正などの段階を経て安定感が増し、定着しつつある段階、③技術のすべてにおいて安定し定着している段階です。どの段階の技術をどの段階の技術に引き上げたいのかを考えなければなりません。

その解決方法として以下のことが挙げられます。

- 成功体験ができるドリルにする
- 正確な技術を身につけさせる
- 新しい技術を教えるときは、短時間の中で繰り返し頻度を多くする
- ゲームに近い状況を設定する
- 適切なタイミングでフィードバックを与えること

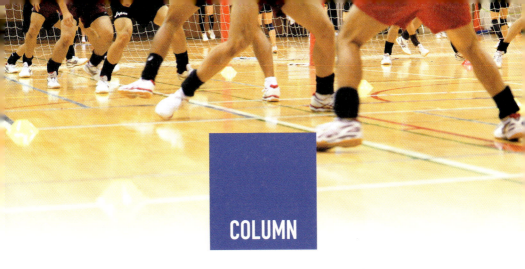

COLUMN

分習法と全習法のスパイラル

　全習法と分習法は、たとえばレシーブ動作のうち、ミート感覚だけを身につけるドリルは分習法と呼ぶという考え方です。一連の動作から一部分を取り出して練習をやることです。一方で、レシーブ動作に関して試合における状況判断などを含めたものを全習法というと考えています。

　ですから分習法で学んだミートができたというのは生きた状況ではなくて、ミートがよくできたとしても、実際には役立つことが少ないので、バレーボールのゲームを知るということが重要です。本学のバレーボール授業でも、ゲームを多くおこなうことにより、どこにボールが飛んでくるのか、あるいはどこにボールを返球すればよいのかといった状況判断能力がゲームの中で身についていきます。バレーボールの指導でも、パスからはじめて、ゲームになります。オーバーハンドパスがきれいにできたとしても、ボールが来るところがわからなければ、当然その技術は発揮できません。つまり、実際にはゲームでの状況判断を理解させたうえで、言い換えれば全習法をやったうえで、分習法的な個人スキルを高めていくほうがよいのです。それはスパイラルに進んでいきます。しかし、全習法というのはゲームが中心となるためプレイが荒くなってしまいます。状況判断を身につけることが目的なので、まず全習法をおこない荒くなったときには分習法をやって細かい技術を身につけ、その後全習法に戻るという、そのサイクルが重要です。

バリエーションを増やして
ドリル作成に役立てる！
〜フットワーク＆トレーニングの組み合わせ方〜

実践に使えるトレーニングを考えた場合、普段からいろいろな動きを取り入れる必要がある。進み方だけでもまっすぐに行くのか、ジグザグに行くのか、カーブしていくのか、など種類はたくさんある。そこに細かい条件を追加していき、あらゆる動きを網羅しよう。

	CASE 1 進み方	CASE 2 手段	CASE 3 フットワーク＆ステップ	CASE 4 ステップ幅	CASE 5 身体の向き	
❶	まっすぐ	ウォーキング	交互	小	前	
❷	ジグザグ	スキップ	右足前	中	横(左or右)	
❸	カーブ	ジョグ	左足前	大	後ろ	
❹	回転	ダッシュ	サイドステップ		斜め	
❺	ランダム	片足ジャンプ	クロスステップ		自由	
❻		両足ジャンプ	その他のステップ			

\こんな感じで組み合わせよう！/

11あるCASEの中からパターンを選んで組み合わせると、トレーニングにバリエーションが生まれる。表にあるすべてのCASEから選ぶ必要はなく、CASE1（進み方）とCASE2（手段）の組み合わせとかだけでもOK。でも、条件をたくさん加えたほうが練習になる。ここではドリル作りの1例を紹介する。

1 まずは進み方（CASE1）を決める
2 次にどんな手段（CASE2）を使うのかを決める
4 さらにステップ（CASE4）の幅を決める
5 身体の向き（CASE5）を決める
6 スピード（CASE6）はジョグなので普通に設定する
7 片道にするのか、往復にするのかなどの反復数（CASE7）を決める
8 速度を均一にするのか、緩急つけるのか決める

どんなボールにも素早く反応

いつも同じ動きのトレーニングでは飽きてしまうだけでなく、身体も慣れてしまう。どんなボールが来ても反応できるように、フットワークやトレーニングではあらゆる動きを取り入れておく必要がある。普段からいろいろな組み合わせの動きを取り入れ、どんな状況でも落ち着いて対処できるようになろう。ここで紹介する表の動き方＆条件、さらにパターンを組み合わせて、さらなるレベルアップを！

CASE 6 速度	CASE 7 反復数	CASE 8 速度の強弱	CASE 9 ボールの使用	CASE 10 使用する手	CASE 11 パスの高さ
ゆっくり	片道	ゆっくり→速く	ボールなし	片手(左or右)	5cm
普通(50%)	往復	速く→ゆっくり	オーバーパス	両手	30cm
速く(80%)	2往復	均一	アンダーパス	片手交互	1m
					2m〜

豊富なバリエーションで
正確なパスを手に入れる！
〜パスドリルの組み合わせ方〜

なんとなくパスをするのではなく、普段の練習からCASE1〜6のケースを組み合わせて、さまざまな状況を作り出す。このような考え方を取り入れて実践していくと、練習が単調になることがなく、ボールコントロールもうまくなる。

	❶	❷	❸	❹	❺
CASE 1 パスしながら進む方向	前進	後退	横移動	ジグザグ	カーブ
CASE 2 動くスピード	ゆっくり（歩く）	少し速く（小走り）	速く（走る）		
CASE 3 使う手	両手	片手			
CASE 4 パスの性質（高低）	高く	普通	低く	1バウンド（潜り込み）	
<直上パスを入れて> CASE 5 回転の角度	90度	180度	270度	360度	
<直上パスを入れて> CASE 6 回転の方向	右回り	左回り	左右交互		
CASE 7 パスの距離	3m	4.5m	6m	9m	

例1≫ オーバーハンドパスをCASE1横移動（サイドステップ）を入れながら、CASE2ゆっくりとCASE3両手を使ってCASE4高くパスする。

例2≫ アンダーハンドパスをCASE3両手を使って、直上パスのあとCASE5 90度身体を回転させながらアンダーパスする。

自分たちの練習メニュー
カードを作ろう！

練習の名前、目的、やり方、バリエーションをカードで整理しておくと、名前だけでチーム全員が次にどんなメニューをするのかわかるので、練習がスムーズに。時間の短縮にも繋がる。監督が練習に来られない場合でも、このカードがあれば、監督の指示通りに練習することができるので、フットワーク＆トレーニングの組み合わせ方（170～171ページ）、パスドリルの組み合わせ方（172ページ）の表をもとに、いろいろな要素を組み合わせて作成しておこう。

\ こんな感じで /
\ 使ってみよう！ /

記入例

早稲田大学でも使用している練習メニューカード。参考にして作ってみよう。

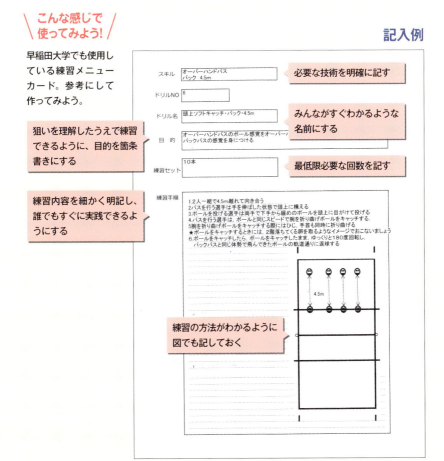

- 必要な技術を明確に記す
- みんながすぐわかるような名前にする
- 最低限必要な回数を記す
- 狙いを理解したうえで練習できるように、目的を箇条書きにする
- 練習内容を細かく明記し、誰でもすぐに実践できるようにする
- 練習の方法がわかるように図でも記しておく

CONCLUSION
おわりに

　バレーボールにおける技術の基礎・基本についてご理解いただけましたでしょうか。

　コート上だけでなく、多くの場面において基礎・基本が重要であることは言うまでもありません。

　今一度バレーボールに取り組む意味を知り、考え方、取り組み方を再考してみましょう。バレーボール競技が好きならば、徹底的に頂点にこだわり鍛え抜くことです。鍛え抜くのはコート上にいる時間だけではなく、それ以外の時間の取り組み方にこだわり実践する必要があります。基本的な生活習慣、ものの考え方、物事への取り組み方、仲間に配慮した自分の意思の伝え方などを実践に移すことが、バレーボールを通して人として成長する基盤となるのです。つまり、アスリートとして、生活をきちんと過ごすことにより競技力向上を目指すのです。人として成長することは、気づいていないことに気づく、人の指示を受けなくても行動できるようになることです。日常生活において、その時その時に降りかかってくる諸問題と向き合い、解決していくことができるようにしなければなりません。このことは、バレーボール競技と全く同じです。時々刻々と変化する相手の戦術に対応するには、常に自身の脳で考え、正しい選択をし、正しく実行することです。その回路を日常生活において作っておくことこそが勝利の近道であることは言うまでもなく、人間形成の副産物として勝利がもたらされると考えるべきでしょう。この部分での基礎・基本の徹底こそがあなたを勝利へと導くことでしょう。

　やはり、「ビギナーもトッププレイヤーも基礎・基本は1つ」です！

早稲田大学男子バレーボール部監督
松井泰二

著者・松井泰二（まつい・たいじ）

早稲田大学スポーツ科学学術院准教授、早稲田大学男子バレーボール部監督、博士（コーチング学）。早稲田大学卒業後、千葉県公立中学校教諭として、小学校バレー経験者・越境入学者ゼロの環境にて両校ともに県大会優勝に導く。その後退職し、筑波大学大学院進学、同大学男子バレーボール部コーチとして全日本インカレ優勝。その後大学教員をする傍ら土浦日大高校男子チームのコーチとして5年ぶりに春高、インターハイ出場へ導く。その後、2012年早稲田大学に奉職後、早稲田大学バレーボール部コーチとして就任1年目で全日本インカレ第3位、翌2013年には秋季リーグにおいて27年ぶりの優勝、全日本インカレにおいて61年ぶりの優勝に導く。2014年監督に就任し、翌2015年春季リーグ準優勝、東日本インカレでは21年ぶりの優勝に導いた。2017年秋季リーグ戦で全勝優勝を果たし、以後2019年春季リーグ戦まで4季連続優勝。その間リーグ戦・全日本インカレにおいては1敗のみで、2017年・2018年の全日本インカレにおいては2連覇を果たす。2018年度は、大学のすべてのタイトル4冠を成し遂げた。また、2015年 U-23男子コーチ、ユニバーシアード男子コーチを務め、2017年監督としてユニバーシアード大会で、銅メダルを獲得した。中学・高校・大学という幅広いカテゴリにおいてその指導理論を築き上げた。現在は現職のほか、日本オリンピック委員会強化スタッフ、日本バレーボール協会ハイパフォーマンス事業本部男子強化委員会委員、日本バレーボール協会公認講師、日本スポーツ協会公認バレーボール上級コーチ、国際バレーボール連盟公認コーチ、日本バレーボール学会理事として活動している。

撮影協力　早稲田大学男子バレーボール部

1931年に創部。関東大学リーグ優勝28回、全日本大学選手権優勝6回。2013年には27年ぶりに秋季リーグ戦優勝、61年ぶりに全日本インカレ優勝、2015年には21年ぶりに東日本インカレ優勝を果たす。2017年秋季リーグ戦で全勝優勝を果たし、以後2019年春季リーグ戦まで4季連続優勝。その間リーグ戦・全日本インカレにおいては1敗のみで、2017年・2018年の全日本インカレにおいては2連覇を果たす。2018年度は、大学のすべてのタイトル4冠を成し遂げた。現在、関東大学リーグ1部リーグに所属（2019年秋季）。

デザイン／有限会社ライトハウス
　　　　　黄川田洋志、井上菜奈美、田中ひさえ、
　　　　　今泉明香、藤本麻衣、岡村佳奈
イラスト／丸口洋平
写　　真／井出秀人
編　　集／平純子、三上慎之介（ライトハウス）

差がつく練習法
バレーボール　基本を極めるドリル

2015年11月27日　第1版第 1 刷発行
2024年 1 月31日　第1版第16刷発行

著　　者／松井泰二

発 行 人／池田哲雄
発 行 所／株式会社ベースボール・マガジン社
　　　　　〒103-8482
　　　　　東京都中央区日本橋浜町 2-61-9 TIE 浜町ビル
　　　　　電話　　　03-5643-3930（販売部）
　　　　　　　　　 03-5643-3885（出版部）
　　　　　振替口座　00180-6-46620
　　　　　https://www.bbm-japan.com/
印刷・製本／広研印刷株式会社

©Taiji Matsui 2015
Printed in Japan
ISBN978-4-583-10847-6 C2075

＊定価はカバーに表示してあります。
＊本書の文章、写真、図版の無断転載を禁じます。
＊本書を無断で複製する行為（コピー、スキャン、デジタルデータ化など）は、私的使用のための複製など著作権法上の限られた例外を除き、禁じられています。業務上使用する目的で上記行為を行うことは、使用範囲が内部に限られる場合であっても私的使用には該当せず、違法です。また、私的使用に該当する場合であっても、代行業者等の第三者に依頼して上記行為を行うことは違法となります。
＊落丁・乱丁が万一ございましたら、お取り替えいたします。